Biodiversidade brasileira:

síntese do estado atual do conhecimento

Biodiversidade brasileira:

síntese do estado atual do conhecimento

Thomas Michael Lewinsohn
e Paulo Inácio Prado

Copyright© 2004 dos Autores
Todos os direitos desta edição reservados à
Editora Contexto (Editora Pinsky Ltda.)

Projeto e montagem de capa
Antonio Kehl

Diagramação
Linotec/Gustavo S. Vilas Boas

Preparação de textos
Linotec

Revisão
Linotec/Mayara Cristina Zucheli

Ilustração de capa
Gafanhotos brasileiros – prancha de Johann B. von Spix, "Delectus Animalium articulatorum, quae in intinere per Brasiliam annis 1817-1820 collegerunt J. B. de Spix et C. F. P. de Martius". Munique, Alemanha, 1830-1834.

Dados Internacionais de Catalogação na Publicação (CIP)
(Câmara Brasileira do Livro, SP, Brasil)

Lewinsohn, Thomas Michael
Biodiversidade brasileira : síntese do estado atual do conhecimento / Thomas Michael Lewinsohn, Paulo Inácio Prado. – 3. ed. – São Paulo : Contexto, 2023.

Bibliografia
ISBN 978-85-7244-230-5

1. Biodiversidade – Brasil. 2. Biodiversidade – Conservação – Brasil. 3. Conservação da natureza – Brasil. 4. Desenvolvimento sustentável – Brasil. 5. Política ambiental – Brasil. 6. Proteção ambiental – Brasil. I. Prado, Paulo Inácio. II. Título.

02-6372   CDD-304.270981

Índices para catálogo sistemático:
1. Biodiversidade: Brasil: Aspectos socioambientais   304.270981
2. Brasil: Biodiversidade: Aspectos socioambientais   304.270981

2023

EDITORA CONTEXTO
Diretor editorial: *Jaime Pinsky*

Rua Dr. José Elias, 520 – Alto da Lapa
05083-030 – São Paulo – SP
PABX: (11) 3832 5838
contato@editoracontexto.com.br
www.editoracontexto.com.br

Proibida a reprodução total ou parcial.
Os infratores serão processados na forma da lei.

PREFÁCIO

Roberto B. Cavalcanti
Diretor Presidente – Conservation International do Brasil
Prof. Adjunto – Depto. de Zoologia – Universidade de Brasília

O Brasil está no alto da lista dos países de maior biodiversidade no mundo e tem a responsabilidade de conservar muitas das espécies, ecossistemas naturais e processos biológicos que tornam nosso planeta habitável. Ao mesmo tempo, a população humana vem exercendo pressão cada vez maior sobre os recursos naturais, ao ponto em que a Mata Atlântica e o Cerrado constam na lista dos 25 biomas de alta biodiversidade mais ameaçados no mundo[1]. O desafio de promover o desenvolvimento humano da sociedade brasileira sem destruir a base biológica para nossa sobrevivência é sem dúvida o principal problema que enfrentamos neste início de século.

A conservação é baseada no conhecimento científico e no desenvolvimento de técnicas que permitam manter a coexistência das populações humanas e da biodiversidade natural sobre o planeta. Sem a documentação das espécies existentes, os passos seguintes de propor as medidas de conservação que permitam sua sobrevivência não podem ser realizados. O trabalho de Lewinsohn e Prado representa a primeira síntese, baseada em consulta nacional, daquilo que se conhece e do que precisa ser feito para inventariar a

---

[1] Mittermeier, R. A., C. G. Mittermeier, N. Myers e P. Robles Gil. 1999. *Hotspots: earth's biologically richest and most endangered terrestrial ecoregions*. Cemex, Conservation International, Agrupacion Sierra Madre, Ciudad Mexico.

biodiversidade brasileira. Este trabalho apresenta uma avaliação consistente dos principais repositórios de material biológico, da evolução histórica da informação cientifica disponível, e da capacidade humana e institucional em biodiversidade no país. Os autores vão além e usam os dados para assinalar onde investimentos adicionais podem ser aplicados de forma a produzir os retornos mais significativos.

A medida do sucesso das atividades de conservação é a sobrevivência das espécies ao longo do tempo. O número exato de espécies do Brasil é desconhecido, simplesmente porque grandes regiões do país ainda não foram inventariadas, e mesmo em áreas melhor investigadas novas espécies são regularmente descritas. Os autores documentam estas dificuldades, mas não deixam de apresentar as estimativas da riqueza dos grandes grupos taxonômicos no Brasil e no planeta. Estes dados são da maior importância para as entidades conservacionistas, instituições científicas, órgãos governamentais, o setor empresarial, entidades comunitárias e os membros da sociedade para compreender melhor seu ambiente natural local e global. Instrumentos quantitativos permitem aferir e aperfeiçoar a eficácia dos programas de conservação, assim como planejar modificações da paisagem de forma a impedir a perda do patrimônio biológico. O presente trabalho, de escala nacional, incorpora-se ao conjunto de avaliações e inventários dos grandes biomas brasileiros, compilados nos *workshops* de prioridades para conservação da biodiversidade realizados desde 1990 junto com o Ministério do Meio Ambiente, e das sínteses globais de megadiversidade, *Hotspots*, e grandes áreas naturais realizados por Mittermeier e colaboradores.

A Conservation International, por intermédio do Centro para a Conservação da Biodiversidade – Brasil, com recursos da Fundação Moore, tem satisfação de poder apoiar a publicação deste trabalho. Parabenizamos Thomas M. Lewinsohn, Paulo I. Prado, o Ministério do Meio Ambiente, a Editora Contexto e as demais instituições e pesquisadores envolvidos no projeto por esta grande contribuição para a conservação da biota brasileira.

APRESENTAÇÃO

Bráulio Ferreira de Souza Dias
Diretor de Conservação da Biodiversidade
Ministério do Meio Ambiente

O Brasil, ao assinar a Convenção sobre Diversidade Biológica (CDB) e a Agenda 21, durante a Conferência das Nações Unidas sobre Meio Ambiente e Desenvolvimento (CNUMAD), se comprometeu a implementar uma série de ações em favor da conservação e da utilização sustentável da biodiversidade brasileira.

O primeiro desafio é conhecer esta biodiversidade. O segundo é preservar este legado. O terceiro, e mais complexo, é idealizar um modelo de desenvolvimento que assegure a utilização sustentável dos componentes da diversidade biológica, como um todo.

Ao Ministério do Meio Ambiente coube a tarefa de coordenar a implementação dos compromissos assumidos junto à Convenção, que prevê, em seu artigo 6, o desenvolvimento pelos países signatários de "estratégias, planos ou programas para a conservação e a utilização sustentável da diversidade biológica" e de "integração da conservação e do uso sustentável da diversidade biológica nos planos, programas e políticas setoriais".

Para a formulação de política nacional de biodiversidade brasileira foram preparados, no período de 1998 a 2001, estudos básicos, focalizando o tema sob diferentes aspectos. Foram consolidadas sínteses sobre o perfil do conhecimento da biodiversidade brasileira para os temas: águas doces, invertebrados marinhos, diversidade microbiana, diversidade genética, diversidade de invertebrados terrestres, plantas terrestres, e vertebrados. Estes estudos foram sintetizados pelo Prof. Dr. Thomas Lewinsohn e Dr. Paulo Inácio Prado. A organização de informações sintetizando o perfil da biodiversidade brasileira mostrou-se um importante instrumento para a gestão da biodiversidade do país, face ao proeminente papel que ocupa a riqueza e diversidade da biota brasileira no mundo. Ela é fruto de um trabalho que envolveu nossos grandes especialistas e instituições nacionais e pesquisadores de todas as regiões do país, que ofereceram respostas para gerar informações que trarão um grande avanço no conhecimento da biodiversidade brasileira.

Os estudos demonstraram que o Brasil abriga a maior diversidade biológica dentre os 17 países megadiversos, que reúnem 70% das espécies de animais e vegetais catalogadas até o presente no mundo. Estima-se que o país possua de 15 a 20% de toda a diversidade biológica mundial e o maior número de espécies endêmicas do globo. São conhecidas cerca de 45 mil espécies de plantas superiores (22% do total mundial), 524 de mamíferos (131 endêmicos), 517 anfíbios (294 endêmicos), 1.677 espécies de aves (191 endêmicas), 468 répteis (172 endêmicos). Estima-se que haja cerca de 3.000 espécies de peixes de água doce e cerca de 1 a 1,5 milhões de insetos, podendo porém superar os 10 milhões de espécies.

Com muito orgulho, o Ministério do Meio Ambiente apoia esta publicação de forma a poder divulgá-la amplamente para um publico que inclui tomadores de decisões, autoridades publicas, executores e proponentes de projetos; e órgãos setoriais, instituições de ensino, de pesquisa e de extensão, dentre outros.

SUMÁRIO

PREÂMBULO 11
ADVERTÊNCIA 12
AGRADECIMENTOS 13
ADENDO (2002) 14

INTRODUÇÃO 17
O QUE É DIVERSIDADE BIOLÓGICA 17
A ATIVIDADE TAXONÔMICA 20
POR QUE ESTE PROJETO 25

MÉTODOS E FONTES PARA O TRABALHO 29
OBJETIVOS ESPECÍFICOS 29
EQUIPE 29
DADOS UTILIZADOS E SUAS FONTES 31
BASE DE DADOS DO PROJETO 38

CAPACITAÇÃO E RECURSOS INSTITUCIONAIS 41
SUFICIÊNCIA E DEMANDA DE ESPECIALISTAS 41
COLEÇÕES E BIBLIOTECAS CIENTÍFICAS 48
DISTRIBUIÇÃO REGIONAL DE ESPECIALISTAS E INSTITUIÇÕES 53
FORMAS DE PUBLICAÇÃO 56

CONHECIMENTO DA BIODIVERSIDADE BRASILEIRA 59
CONHECIMENTO TAXONÔMICO ATUAL E TAXAS DE NOVAS DESCRIÇÕES 59
COLETA E CONHECIMENTO DE DIFERENTES BIOMAS E ECOSSISTEMAS 65
INVENTÁRIOS DE DIVERSIDADE 68
PRIORIDADES E IMPORTÂNCIA ATRIBUÍDAS AOS TÁXONS 78
DIVERSIDADE GENÉTICA 84
ESTIMATIVAS DE BIODIVERSIDADE BRASILEIRA 85

CONCLUSÕES E RECOMENDAÇÕES 97

DISPARIDADES DE CONHECIMENTO E CAPACITAÇÃO 97

ESTABELECIMENTO DE OBJETIVOS E PRIORIDADES 99

UTILIZAÇÃO DO CONHECIMENTO E CAPACIDADE ATUAIS 103

NOVAS INICIATIVAS 106

REFERÊNCIAS CITADAS 114

ANEXO 1. QUESTIONÁRIO UTILIZADO NO PROJETO 117

ANEXO 2. DIFICULDADES DE EXECUÇÃO E SOLUÇÕES PARA SUPERÁ-LAS 129

ANEXO 3. SUMÁRIO EXECUTIVO 133

ANEXO 4. EXECUTIVE SUMMARY 139

ANEXO 5. RESUMOS DOS ESTUDOS SETORIAIS 145

AVALIAÇÃO DO ESTADO ATUAL DO CONHECIMENTO SOBRE
A BIODIVERSIDADE GENÉTICA NO BRASIL 145

AVALIAÇÃO DO ESTADO ATUAL DO CONHECIMENTO SOBRE
A DIVERSIDADE MICROBIANA NO BRASIL 151

CONHECIMENTO DE DIVERSIDADE DE PLANTAS TERRESTRES DO BRASIL . 155

AVALIAÇÃO DO ESTADO DO CONHECIMENTO DA DIVERSIDADE
DE INVERTEBRADOS MARINHOS NO BRASIL 161

PERFIL DO CONHECIMENTO DE BIODIVERSIDADE
EM ÁGUAS DOCES NO BRASIL 165

PERFIL DO CONHECIMENTO DA DIVERSIDADE DE INVERTEBRADOS
TERRESTRES NO BRASIL 171

PERFIL DO CONHECIMENTO DA DIVERSIDADE DE VERTEBRADOS
DO BRASIL 175

PREÂMBULO

Este texto é fruto de um trabalho solicitado pelo Ministério do Meio Ambiente, no Projeto Estratégia Nacional de Diversidade Biológica, que tem como missão consolidar a Política Nacional da Biodiversidade, com recursos da Global Environmental Facility e apoiado pelo Programa das Nações Unidas para o Desenvolvimento (PNUD) e pela Agência Brasileira de Cooperação.

Este texto, finalizado em 2000, foi utilizado como orientação para a elaboração da Política Nacional da Biodiversidade, cujos princípios e diretrizes foram instituídos no Decreto 4.339 de 22 de agosto de 2002.

Para elaboração dessa síntese, foram constituídos grupos de consultores para a definição de um perfil geral do conhecimento da biodiversidade no Brasil. Foram elaborados sete documentos sobre a biodiversidade brasileira nos temas: águas doces, invertebrados marinhos, diversidade microbiana, diversidade genética, diversidade de invertebrados terrestres, plantas terrestres, e vertebrados.

O presente texto foi elaborado a partir de três componentes. Em primeiro lugar, utilizamos os resultados obtidos dos textos-síntese dos sete temas, em conjunto com o grupo de consultores responsáveis pela elaboração de estudos detalhados sobre temas específicos, para compor um quadro geral do estado do conhecimento da biodiversidade brasileira. Mais especificamente, utilizamos os conjuntos de respostas dadas por especialistas a um questionário para produzir tabelas e gráficos sintéticos, apresentados e discutidos para depreender tendências gerais para além dos quadros já identificados em cada grupo. Em segundo lugar, utilizamos levantamentos de outras fontes, para examinar aspectos complementares não elucidados no levantamento geral de dados obtidos por meio do questionário respondido pelos especialistas. Para estes aspectos, utilizamos extensamente levantamentos em diretórios de especialistas e em bases bibliográficas como o Biological Abstracts e Zoological Record. Por fim, compilamos dados sobre diversidade biológica de todos os grupos taxonômicos para o Brasil, complementando-os com estimativas próprias para os grupos sem informação. Produzimos assim a primeira estimativa total de espécies, descritas ou ainda desconhecidas, para o Brasil.

Desta forma, a presente síntese não é um resumo combinado das análises setoriais produzidas para este projeto, mas propõe-se a estender e complementar estas últimas, além de descrever o processo de realização do projeto no todo.

ADVERTÊNCIA

É importante destacar que este projeto não propôs o levantamento exaustivo de pesquisadores, instituições, coleções e produção científica referentes à diversidade biológica brasileira. Nosso objetivo principal foi a compilação crítica de informações suficientes para compor um perfil do nosso conhecimento e capacitação atual sobre biodiversidade.

As relações bibliográficas, de especialistas e institucionais que servem de base às análises são, portanto, representativas, mas não completas. Não tivemos a intenção de gerar diretórios. A inclusão ou exclusão de pessoas ou instituições dependem dos métodos utilizados para obtenção de dados, e não representam um juízo de valor. Isto se aplica também aos estudos setoriais que complementam o presente texto.

Inevitavelmente, a informação que coligimos para táxons distintos foi bastante desigual. Grosso modo, esta desigualdade já é um indicador do estado de conhecimento dos táxons; mas há exceções que, em geral, dizem respeito a grupos por vezes bastante estudados, porém cuja informação está muito dispersa. Este é o caso de parasitos em geral (platelmintos, protozoários e outros), de diversas subdivisões de artrópodos, fungos e algas, entre outros. Esperamos que tais omissões sejam compreendidas e aceitas como quase inevitáveis num empreendimento complexo como este, visto que não se devem a qualquer depreciação destes táxons. Esperamos que as lacunas de informação possam ser supridas em estudos futuros.

Este estudo tem também lacunas temáticas. Em parte, estas decorrem de opções iniciais, devido à inviabilidade de cobrirmos adequadamente todos os temas ligados à biodiversidade. Outras lacunas foram involuntárias, por não termos obtido fontes ou dados suficientes para tratá-las. Dentre as lacunas temáticas mais substanciais incluem-se a diversidade de maior escala – diversidade de ecossistemas, biogeográfica, e de paisagens, para as quais falta ainda um referencial unificador; a etnobiologia de forma geral; a diversidade cultural; a bioprospecção e outras formas de aplicação e apropriação do conhecimento da biodiversidade. Estas exclusões tampouco representam um juízo sobre a importância destes temas, mas apenas refletem os objetivos mais restritos propostos e as condições de realização do presente trabalho.

Esperamos, por fim, que esta síntese, se retratar adequadamente nossa condição atual, se torne útil para a definição e planejamento de iniciativas em todos os âmbitos – do local ao nacional, do acadêmico às ONGs, dos programas de pós-graduação aos convênios internacionais – que têm papéis importantes na melhora do conhecimento, conservação e uso da diversidade biológica do Brasil.

AGRADECIMENTOS

O maior agradecimento, sem dúvida, cabe a todos os especialistas que nos ajudaram principalmente pela resposta ao questionário base deste projeto, contribuindo inclusive com listas extensas de bibliografia, sugestões e críticas.

Agradecemos aos consultores responsáveis pelos estudos setoriais, que estão relacionados na Tabela 3, e que, junto com seus colaboradores, levaram a termo esta empreitada, com todas as dificuldades inerentes.

Agradecemos ao Dr. Bráulio Ferreira de Souza Dias, aos integrantes da Secretaria de Biodiversidade e Florestas do Ministério do Meio Ambiente que nos deram apoio continuado para que este trabalho fosse concluído, tanto no suporte material como na crítica técnica aos relatórios produzidos e à Global Environmental Facility, que financiou este trabalho como subsídio da Política Nacional de Diversidade. Quanto a esta publicação, somos especialmente gratos à Conservation International do Brasil, destacando Luiz Paulo Pinto e Roberto Cavalcanti pelo apoio pronto e decisivo.

Agradecemos a nossos colaboradores diretos, dos quais destacamos Adriana M. de Almeida, que ajudou muito na revisão dos dados consolidados e na compilação de bases bibliográficas, e Diuliana da Cunha França, que apoiou a organização dos dados.

Agradecemos à Unicamp (ao Nepam e ao Instituto de Biologia) o apoio institucional; aos colegas da Coordenação de Planejamento inicial do Programa Biota/Fapesp com quem discutimos repetidamente o presente trabalho; e a um assessor anônimo pelas sugestões e correções do texto.

Durante a realização deste estudo, Thomas Lewinsohn recebeu Bolsa de Produtividade do CNPq e, durante quatro meses, foi também pesquisador residente do National Center for Ecological Analysis and Synthesis na Universidade da Califórnia em Santa Barbara, com recursos da National Science Foundation dos Estados Unidos.

Agradecemos, por fim, a todos os colegas, orientados, familiares e ao Zebu Trifásico, que conviveram longa e involuntariamente com uma tarefa que parecia interminável (e quase foi).

ADENDO (2002)

Decorridos dois anos desde a conclusão do trabalho, ao encaminharmos o texto para publicação, deparamo-nos com o dilema do qual um autor somente se vê livre quando é promovido à condição de póstumo: revisar a obra, ou deixá-la tal e qual?

No texto aqui apresentado, corrigimos deslizes e inserimos algumas notas e comentários sobre mudanças recentes. Desistimos porém de uma revisão mais extensa, por termos claro que uma atualização completa demandaria um tempo considerável e que por isto correríamos o risco de cair numa espiral de atrasos e novas defasagens. Além disto, verificamos que, se por um lado, há inevitavelmente algumas informações já incompletas ou desatualizadas, por outro o desenho essencial do perfil que produzimos parece manter-se atual e relevante.

Notamos sim um nítido aumento na quantidade e qualidade de empreitadas de pesquisa básica e aplicada sobre a biodiversidade, no Brasil. Isto provém de muitos motivos: novos pesquisadores, recém-capacitados porém de alto nível, altamente motivados para trabalhar; novas inserções institucionais seja em universidades, em órgãos institucionais e em ONGs, que estão dando suporte para pesquisa básica e para a implementação de projetos aplicados à conservação, manejo e aproveitamento de recursos de biodiversidade; e assim por diante.

Alegra-nos notar que tanto o contingente de pesquisadores capacitados, quanto o número de inventários e a variedade de táxons e hábitats investigados, vêm aumentando nestes últimos anos. Entretanto, reconhecemos também que os entraves e estrangulamentos, que constatamos neste trabalho, continuam bastante presentes. Faltam empregos adequados para os muitos pesquisadores brasileiros que vêm sendo formados, aqui e no exterior, e cujo trabalho é fundamental para o avanço necessário e premente. Faltam infraestrutura e condições básicas em muitas instituições. Faltam principalmente políticas científicas e educacionais abrangentes, com visão mais longa e que sejam implementadas com coerência e continuidade. Enfim, se as estatísticas, tal como os endereços e páginas na Internet, mudam incessantemente. as mentalidades. os problemas e os caminhos para soluções factíveis certamente não mudam na mesma velocidade.

Atualizadas continuam as estimativas de biodiversidade brasileira total, de espécies descritas e de espécies presumidas, que produzimos e incorporamos neste trabalho. São as primeiras e até o momento as únicas apresentadas para o Brasil.

Seguimos esperançosos de que o presente trabalho venha a contribuir para a formulação de políticas mais abrangentes e efetivas para o meio ambiente e voltadas, em especial, para a biodiversidade brasileira, por meio de seu melhor conhecimento e em direção a sua conservação mais efetiva e seu uso mais sensato.

Campinas, setembro de 2002.

Thomas Michael Lewinsohn e Paulo Inácio Prado

INTRODUÇÃO

Entre os países chamados de megadiversos, devido à diversidade biológica excepcionalmente rica, o Brasil pertence a uma minoria que se distingue pelo seu nível de desenvolvimento de pesquisa científica, com um sistema acadêmico e de instituições de pesquisa bastante extenso e consolidado. Nem por isto, porém, estes países têm hoje capacidade autônoma para o conhecimento de sua diversidade de espécies. Há limitações importantes para este conhecimento, mas o Brasil tem, em princípio, condições de superar parte destas limitações e promover um avanço substancial na extensão, organização e uso de informação sobre sua biodiversidade. Para isto é necessário, em primeiro lugar, uma apreciação do estado de conhecimento atual, das lacunas neste conhecimento e de suas razões e das dificuldades para superá-las; em seguida, formular e implementar um projeto coerente para superar deficiências críticas e aproveitar os pontos fortes da capacitação e conhecimento existentes.

O QUE É DIVERSIDADE BIOLÓGICA

O termo biodiversidade tornou-se conhecido a partir, principalmente, do livro organizado por Wilson e Peter (1988). Foi adotado com rapidez e sua presença na literatura científica cresceu desde então de forma quase contínua (Figura 1). Esta incorporação veloz também aconteceu na imprensa, já a partir da preparação da Conferência Rio-92. Desde então, "biodiversidade" e "diversidade biológica", sinônimos, estão incorporados ao idioma comum. Curiosamente, esta ampla adoção do termo se deu sem o estabelecimento consensual de seu significado. Há dúvidas em torno do sentido exato e dos limites do conceito, e algumas delas não são triviais (Gaston, 1996).

Em seu Artigo 2, a Convenção de Diversidade Biológica define diversidade biológica como "a variabilidade entre organismos vivos de qualquer origem incluindo, entre outros, ecossistemas terrestres, marinhos e outros ecossistemas aquáticos, e os complexos ecológicos de que fazem parte; isto inclui diversidade *dentro de espécies, entre espécies* e *de ecossistemas*" (grifo nosso).

A *diversidade dentro de espécies* abrange toda a variação entre indivíduos de uma população, bem como entre populações espacialmente distintas da mesma espécie. Na prática, esta diversidade tem sido tratada como equivalente à *diversidade genética* (embora possa incluir diversidade morfológica, de comportamento etc., sem ater-se estritamente à base genética de tais diferenças).

Figura 1. Aumento de número de referências à biodiversidade no Zoological Record, por ano de publicação. Foram computadas referências com o termo *biodiversity* no título ou palavra-chave. Como há uma defasagem média de 1,5 anos entre o ano de publicação e seu referenciamento no ZR (calculada nos ZR vols. 134 e 135), a curva projetada mostra o número total estimado de referências para anos mais recentes, acrescentando as que deverão ser ainda incorporadas nos próximos volumes do ZR. (Fonte: Zoological Record em CD, levantamento original).

A *diversidade entre espécies,* por sua vez, corresponde ao que se chama de *diversidade de espécies*: a variedade de espécies existentes em algum tipo de ambiente ou em uma região definida, de tamanho maior ou menor. A *diversidade de ecossistemas é* mais ambígua que as outras duas categorias destacadas na definição da Convenção de Diversidade Biológica. Ecossistemas são essencialmente sistemas funcionais, caracterizados por sua dinâmica. Porém, usar a dinâmica como base para avaliar, inventariar ou monitorar a diversidade de ecossistemas é pouco praticável (embora não impossível). De todo modo, em termos práticos a diversidade de ecossistemas tem sido tratada como correlacionada com a diversidade de fisionomias de vegetação, de paisagens ou de biomas, mas isto não resolve por completo a questão.

De maneira geral, diferentes conceitos de diversidade enfatizam aspectos distintos dos conjuntos de organismos que compõem a biosfera. Noss (1990) definiu três aspectos distintos para aferir biodiversidade: composição – de que elementos consiste a unidade biológica; estrutura – como estes elementos se organizam fisicamente; e função – que processos ecológicos ou evolutivos mantêm ou são produzidos pela unidade biológica considerada. Segundo este esquema, conjuntos de organismos podem ser definidos por um critério composicional (como grupos de espécies ou níveis taxonômicos superiores), estrutural (como estratos de vegetação) ou funcional (por exemplo, níveis tróficos). Desnecessário dizer que estes atributos se sobrepõem: estrutura e composição decorrem parcialmente de funções ecológicas e, por sua vez, são diretamente implicados nas mesmas funções.

Assim, mais de um dilema se interpõe para a adoção de uma definição simples e unificadora de biodiversidade. Em primeiro lugar, a opção entre ressaltar o número e a variedade de tipos de elementos que compõem uma entidade biológica, ou enfatizar os processos funcionais que organizam entidades biológicas. Não é difícil depreender que as próprias "entidades biológicas" consideradas não são predeterminadas, mas decorrem elas mesmas desta escolha.

Uma segunda opção a fazer é entre o rigor conceitual e a possibilidade de delimitação e medição. Para ilustrar o problema: conceitualmente, ecossistemas são entidades bem definidas, mas sua delimitação espacial é problemática, dado que sua definição é essencialmente funcional, e que as funções ecossistêmicas permeiam unidades espaciais distintas. Parece inevitável que a praticidade de reconhecimento e mensuração sacrifique o rigor conceitual, e vice-versa.

Por fim, há que se destacar ainda que, na cena social e política, biodiversidade assumiu outros significados que extrapolam as questões essencialmente científicas. Em suma, não existe nem pode existir uma definição e uma medida unificada para biodiversidade. Como fenômeno intrinsecamente complexo, a organização da vida terá sempre que ser descrita e aferida por uma série de definições e medidas distintas (Gaston, 1996).

A ATIVIDADE TAXONÔMICA

A principal ciência para conhecimento da diversidade biológica é a taxonomia – ciência que cuida da classificação e identificação dos seres vivos (a sistemática, que se propõe a criar e desenvolver sistemas de classificação de seres vivos, é uma atividade muito próxima e às vezes usada como sinônimo da taxonomia).

A taxonomia formalizou-se cientificamente a partir das atividades de Lineu no século XVIII. Lineu criou um sistema de classificação hierarquizado (com entidades de diferentes níveis, desde espécie até filo e reino) e um conjunto de regras formais para nomear estas entidades e descrevê-las. Este conjunto de regras persiste, tendo evoluído para os atuais Códigos de Nomenclatura Biológica (há cinco em vigor: Zoologia, Botânica, Bactérias, Vírus e Plantas Cultivadas).

O conceito de espécie que prevaleceu na taxonomia até o século passado era tipológico: cada espécie corresponde a um tipo biológico, e indivíduos da espécie são mais ou menos parecidos com o tipo ideal desta espécie. Taxonomistas descrevem este tipo ideal – a descrição da espécie – e designam um espécime, depositado em coleção científica reconhecida, como o holótipo (literalmente, o "tipo integral") da espécie: o holótipo deve ser um espécime completo, bem preservado e é escolhido como o indivíduo que mais se aproxima do tipo ideal da espécie. Outros espécimes podem ser designados parte de uma "série-tipo".

Com o desenvolvimento da evolução, da genética e da ecologia de populações, o conceito tipológico de espécie está superado. Toda população é variável e, por isto, descartou-se a noção de uma norma para a espécie. No entanto, formalmente, mantém-se a exigência da designação de um holótipo para cada espécie descrita, mesmo que hoje este tenha o sentido de espécime de referência, e não representante da norma ideal, para aquela espécie.

A série-tipo, hoje em dia, ganha importância, por indicar a abrangência de variação morfológica e geográfica que o/a autor/a da espécie tinha em mente quando criou aquele táxon*.

Portanto, mesmo com uma modificação radical do conceito de espécie (e também dos níveis hierárquicos superiores), formalmente a taxonomia de cada grupo biológico compreende um acervo de descrições de táxons e os respectivos espécimes-tipo. As descrições, por serem publicadas, podem ser reimpressas ou reproduzidas. Os espécimes-tipo são únicos, no caso de animais, de modo que uma única instituição deterá o holótipo de cada espécie descrita. Em plantas superiores, cujos espécimes são usualmente ramos reprodutivos (com flores, frutos ou esporos) secos e prensados, é comum que seja coletado e preparado mais de um ramo do mesmo indivíduo. Assim, o espécime-tipo pode ser desdobrado em vários "materiais" que podem ser distribuídos em mais de uma instituição. No entanto, isto depende de a coleta original conter mais de um ramo provenientes do mesmo indivíduo, o que é exceção em coletas mais antigas.

Em microrganismos, mantêm-se hoje coleções vivas em cultura ou congeladas; aí, também, é possível ter cópias das culturas de referência em diferentes instituições e países. Além disto, o conceito de espécie em microrganismos, em razão de suas características de morfologia e ciclo de vida, é bastante distinto do de organismos maiores.

O trabalho taxonômico em um determinado grupo exige, portanto, três componentes:
- capacitação do/da taxonomista;
- coleção extensa e organizada de espécimes do grupo;
- biblioteca de referência, contendo as descrições publicadas de todas as espécies e táxons superiores pertinentes ao grupo.

Estes três componentes são indispensáveis, em conjunto, para desenvolvimento da atividade taxonômica completa. Cada um deles merece um breve comentário próprio.

Biblioteca de referência

Este, em princípio, deveria ser o problema mais simples de resolver, porque descrições são publicadas em livros ou periódicos, com tiragem de

---

* *táxon*: entidade de classificação de organismos, pertencente ao esquema de níveis taxonômicos formais hierarquizados, empregados pela Taxonomia. Do grego *taxon*, plural *taxa*. O Novo Dicionário Aurélio (3. ed, 1999) grafa *táxon*, com plural *táxons*, ao contrário de edições precedentes (*taxa*).

centenas ou milhares de exemplares. Assim, uma biblioteca de referência pode conter cópias das publicações pertinentes. Na prática, porém, a literatura referente a qualquer táxon encontra-se dispersa em muitas fontes distintas, das quais uma parte importante é antiga e rara. Bibliotecas de referência de boa qualidade são muito escassas em países em desenvolvimento. No Brasil, podem ser contadas nos dedos e, mesmo assim, todas elas apresentam lacunas que, para quase todos os táxons, exigem recorrer a bibliotecas no exterior para obter trabalhos indispensáveis. Não raro, especialistas de um grupo, no decorrer de décadas de atividade conseguem obter os textos importantes para aquele grupo, de modo que suas bibliotecas particulares são mais completas para o táxon que estudam do que qualquer biblioteca institucional no país.

Microfilmes e, principalmente, xerocópias abriram alternativas até então impensáveis à necessidade de recorrer a colegas no exterior ou de visitar bibliotecas para obter acesso a obras mais raras. Em princípio, a literatura de referência para um grupo taxonômico pode ser copiada ou então, hoje em dia, digitalizada. Em alguns casos, obras extensas e importantes, hoje esgotadas ou oferecidas em edições facsimiladas muito caras, poderiam ser tornadas disponíveis em muitas instituições mais recentes ou desprovidas de boas bibliotecas. Um caso exemplar seria a *Flora Brasiliensis*, coleção de 40 tomos, que é referência obrigatória para todo estudo de plantas vasculares no Brasil**.

Em outros casos, a literatura taxonômica de um grupo encontra-se reunida numa instituição internacional com tradição e forte atividade presente neste táxon. Como exemplo, Jonathan Coddington, aracnologista do US National Museum (Smithsonian Institution, Washington, DC) comentou ter toda a literatura taxonômica de aranhas disponível em sua instituição e em seu gabinete e que, em princípio, seria plenamente viável digitalizar este acervo em uns poucos CD-ROMs, com possibilidade de transcrição através de leitura óptica de caracteres (OCR). Afora a questão de direitos autorais (que não afetam a literatura mais antiga e mais crítica para esta empreitada), a viabilização deste processo envolve a permissão das bibliotecas e o custeio do serviço, que teria que ser feito comercialmente, dado o volume de publicações envolvido.

---

* Uma iniciativa neste sentido vem sendo proposta por instituições acadêmicas brasileiras e norte-americanas.

Coleções taxonômicas

Como já foi indicado, este problema é mais espinhoso, e o espinho mais notório são os espécimes-tipo. A grande explosão da taxonomia, do século XVIII até início do século XX, foi feito com coletas obtidas em todo o mundo, porém acumuladas principalmente em algumas grandes instituições que se tornaram centros de referência internacional. A maioria dos países tropicais teve sua biota descrita com base em acervos acumulados nos países que os colonizaram. Não é o caso do Brasil, dado o pouco entusiasmo da Coroa e das instituições de saber de Portugal com a ciência e a História Natural em particular, até meados do século XVIII. Algumas coleções importantes, como as de Frei Velloso, que apesar disto foram mantidas em Portugal, acabaram sendo saqueadas, por encomenda expressa de cientistas franceses, quando da tomada do país por Napoleão.

As maiores coletas no Brasil foram feitas por expedições de naturalistas europeus e norte-americanos, que as destinaram principalmente a instituições na Inglaterra, França, Alemanha, Rússia e Estados Unidos. Por isto, para quase todos os grupos taxonômicos ocorrentes no Brasil, os tipos das espécies brasileiras, especialmente as mais antigas, descritas a partir de material colecionado nos últimos dois séculos, encontram-se dispersos em diferentes coleções e em grande parte nas maiores instituições de Europa e Estados Unidos.

Nos muitos casos em que as descrições das espécies mais antigas é incompleta, a verificação da identidade de um espécime é impossível sem a comparação com o(s) tipo(s). Do mesmo modo, quando um taxonomista faz a revisão (um reestudo completo) de um táxon, com frequência descobrirá que o que era tido como uma só espécie é uma mistura de duas ou mais espécies parecidas; então, só a comparação direta com o tipo permitirá decidir qual dessas corresponde à espécie original e quais outras serão nomeadas e descritas como novas.

Embora haja discussões sobre a possível repatriação de coleções, há uma série de entraves e problemas que não cabe explorar aqui em detalhe, mas que tornam esta iniciativa muito pouco praticável e provável. Entre as alternativas mais importantes, destaca-se a formação de coleções de referência bem organizadas, com acervos identificados por especialistas por comparação direta com os espécimes-tipo. Como exemplo bem sucedido deste tipo, pode ser citada a família Cerambycidae (besouros serra-pau), em que quase todas as espécies brasileiras estão representadas em coleções de várias instituições no país. As espécies mais antigas foram identificadas por pesquisadores brasileiros por comparação com os tipos, durante visitas ou estágios nas instituições que os detêm. Isto, junto com a aquisição da literatura do grupo, permitiu um extraordinário esforço taxonômico para este grupo. A maioria das espécies recentes descritas do Brasil têm seus tipos depositados em coleções brasileiras.

Um apoio importante para a identificação, na falta de acesso aos espécimes-tipo, são fotografias de boa qualidade. Há táxons, por exemplo borboletas, em que fotografias são suficientes para identificação rotineira de muitas espécies bem conhecidas. Em muitos outros, porém, fotografias podem apoiar, mas são insuficientes para identificação e há táxons importantes em que são quase inúteis.

Capacitação de taxonomistas

O último, e principal, requisito para o trabalho taxonômico é a capacitação de taxonomistas. Há dois aspectos aí: o aprendizado do ofício, incluindo-se a base em teoria e métodos sistemáticos, pode ser feito em um dado grupo taxonômico e esta fundamentação genérica valerá para qualquer outro táxon. Porém, além disto, é necessário considerável experiência com qualquer grupo antes de trabalhar eficientemente nele. Isto envolve conhecimento extenso da literatura, do material de coleções importantes e de séries de espécimes de diferentes regiões, para ter noção, por exemplo, da coocorrência de espécies aparentemente distintas; de variação em populações naturais; de variação geográfica etc. Esta experiência no grupo é acumulada gradualmente e geralmente leva anos de trabalho antes que o taxonomista tenha segurança para tomar decisões sobre um táxon.

O contato direto e, se possível, pessoal com um especialista mais experiente no grupo é um dos melhores modos de acelerar a formação do taxonomista para o grupo. Em muitos táxons, inclusive alguns grandes e importantes, quase não há especialistas em atividade, no Brasil ou mesmo no mundo. Com o desestímulo institucional à taxonomia que se prolongou por várias décadas, houve uma quebra de passagem de experiência, que se traduz em táxons para os quais só restam as descrições publicadas e as coleções em que o/a especialista trabalhou, em outros tempos. Infelizmente, com alguma frequência as instituições descuidam das coleções inativas e, por isto, o trabalho anterior terá que ser em grande parte refeito, se o táxon voltar a ser estudado por alguém.

POR QUE ESTE PROJETO

Informação publicada sobre diversidade brasileira

Desde a preparação da Conferência Rio-92 houve intensos esforços de compilação de conhecimento e informações de diversidade biológica, da escala local até a global. O documento central que reuniu estas informações (Groombridge, 1992) foi produzido pelo World Conservation Monitoring Centre em conjunto com o Natural History Museum de Londres, a União Mundial de Conservação (IUCN), o Programa das Nações Unidas para o Ambiente (UNEP), o Fundo Mundial para a Natureza (WWF) e o World Resources Institute (WRI).

Tabela 1. Números de espécies conhecidas ou estimadas para o Brasil, apresentados em "Global Biodiversity" (Groombridge, 1992). Na ausência de estimativa para o Brasil, apresenta-se a melhor aproximação disponível neste trabalho; s/d = sem dado.

Táxon	Região	Total de espécies	Total mundial	Espécies endêmicas
VERTEBRADOS				
Mamíferos	Brasil	394	4.327	40
Aves	Brasil	1.573	9.672	191
Répteis	Brasil	468	6.550	172
Anfíbios	Brasil	502	4.000	294
Peixes de água doce	Amazonas[1]	2.000	8.400	1.800
INVERTEBRADOS				
Pseudo-escorpiões (solo)	Brasil	40	3.000	s/d
Opiliões (solo)	América do Sul	581	3.500	s/d
Isoptera (solo)	América do Sul	500	2.000	s/d
Formicidade	Reg. Neotropical	2.233	10.000	s/d
Carabidae	Reg. Neotropical	5.000	40.000	s/d
PLANTAS				
Angiospermas	Brasil	55.000	250.000	s/d

[1] O valor é apresentado para a bacia do Rio Amazonas (tabela 12.3, p. 120) mas o mesmo número é citado para a região Amazônica. São também dadas estimativas para as bacias do Madeira, Negro e outros rios cujas bacias se estendem por diversos países.

A Tabela 1 resume a informação constante em Groombridge (1992) sobre a diversidade biológica brasileira. A informação é de fato bastante escassa. Previsivelmente, encontramos estimativas da diversidade conhecida de espécies para os vertebrados terrestres e plantas superiores. Para invertebrados, aparecem estimativas de diversidade de poucos grupos, alguns inesperados, como os pseudo-escorpiões; por outro lado, chama atenção a ausência de qualquer dado sobre grupos razoavelmente conhecidos, como borboletas. A ausência de qualquer dado sobre grupos de vida aquática, com exceção de peixes amazônicos, explica-se pela falta de tabelas de organismos marinhos e dulciaquícolas por país, em Groombridge (1992).

Estimativas de espécies endêmicas são só apresentadas para as classes de vertebrados (Tabela 1). Não há sequer estimativa de endemismos para plantas superiores mas, para estas, Groombridge (1992) incluiu uma relação de Centros de Diversidade listadas por país. Os centros brasileiros apresentados são bastante incompletos e inconsistentes (Tabela 2).

Tabela 2. Centros de diversidade de plantas no Brasil citados em "Global Biodiversity" (Groombridge, 1992). Os erros de grafia são do original. Dados omissos são indicados por –.

Localidade	Flora	Vegetação
Mata Atlântica	–	floresta úmida
Distrito Féderal	2500	cerrado
Padre Bernardo	–	floresta decídua / semidecídua sobre calcário
Serra do Espinhaco	3000	campo rupestre

A reprodução destes dados sobre o Brasil não se destina a criticar a compilação do World Conservation Monitoring Centre, que foi produzida num prazo muito curto para estar disponível na Conferência Rio-92 e na qual teve um papel importante. O ponto relevante é que esta continua sendo uma das fontes de referência mais difundidas sobre biodiversidade mundial e que os dados apresentados sobre o Brasil estão muito aquém da informação existente, quando não incorretos.

Mais recentemente, foi publicado um estudo extenso sobre os países com maior biodiversidade, inclusive o Brasil, que inclui dados mais completos e atualizados sobre vertebrados, plantas superiores e alguns poucos grupos de invertebrados (Mittermeier *et al.*, 1997). Seguiu-se uma compilação referente aos biomas altamente diversos e mais fortemente ameaçados no planeta, na qual constam dados sobre a Mata Atlântica e o Cerrado (Mittermeier *et al.*, 1999).

Outras publicações impressas e eletrônicas com temas específicos (por exemplo, catálogos de áreas de conservação ou de espécies ameaçadas de extinção) contêm informações mais detalhadas e atualizadas sobre estes assuntos, referentes ao Brasil.

Ainda assim, não há como discutir que a informação de fato existente não se encontra disponível de forma adequada. Muitos dados ou estimativas jamais foram publicados e a informação publicada encontra-se pulverizada em trabalhos de natureza a mais diversa.

Estudos precedentes no Brasil

Em várias ocasiões anteriores foram feitos levantamentos institucionais e pessoais de sistemática no Brasil. Para a preparação do Projeto Flora e do Projeto Fauna, ambos promovidos pelo CNPq na década de 1970, foram feitos estudos e listagens de coleções e especialistas, O Projeto Flora chegou a ser parcialmente implementado, numa primeira tentativa de informatizar herbários brasileiros; o Projeto Fauna nunca saiu realmente do papel.

Entre outros levantamentos mais recentes, deve-se lembrar as listas de sócios de algumas sociedades (como a Sociedade Brasileira de Zoologia) que, em alguns casos, foram estendidos para produzir diretórios mais abrangentes. Por exemplo, a Sociedade Brasileira de Entomologia e/ou Sociedade Entomológica do Brasil, com base em um questionário amplamente distribuído, produziram nos anos 1980 um "Quem é Quem na Entomologia". Este, posteriormente, foi atualizado e incorporado no diretório "Quem é Quem na Biodiversidade".

A primeira iniciativa de realizar um balanço abrangente sobre a biodiversidade brasileira, embora com um viés para métodos de estudo, foi o *workshop* sobre "Métodos para avaliação de biodiversidade em plantas e animais", que ocorreu em Campos do Jordão, SP, em maio de 1996, com apoio do CNPq. Os trabalhos apresentados neste encontro foram publicados no mesmo ano (Bicudo e Menezes, 1996).

Seguiu-se outro *workshop* com o tema "Biodiversidade: perspectivas e oportunidades tecnológicas", realizado em 1997 para a Finep/PADCT em Campinas, SP. Uma série de estudos acompanharam esta reunião, dentre os quais alguns trataram de coleções zoológicas (Oliveira e Petry, 1997), botânicas (Siqueira e Joly, 1997) e de microrganismos (Ganhos, 1997). Nestes estudos, foi feito um balanço de coleções biológicas no Brasil e foram apresentadas listagens, mais ou menos completas, destas coleções. Subsequentemente, a Organização dos Estados Americanos encomendou um estudo de coleções zoológicas no Brasil, cujo relatório também inclui uma lista de coleções e de seus acervos (Brandão *et al.*, 1998).

Ainda em 1997, um grupo de pesquisadores de instituições paulistas articulou a preparação de um programa de pesquisas abrangente sobre diversidade biológica para o estado de São Paulo. Este programa especial foi lançado pela Fapesp em 1999 como Programa BIOTA-FAPESP e, entre suas atividades iniciais, foi produzida uma série de estudos que situam o estado de conhecimento e capacitação de grupos taxonômicos. Estes estudos foram publicados em sete volumes (Joly e Bicudo, 1998-1999): vertebrados, plantas, invertebrados terrestres, invertebrados marinhos, invertebrados de água doce, micróbios, e infraestrutura; este último trata de coleções e instituições de pesquisa.

O que caracteriza este trabalho

Os levantamentos, estudos e relatórios acima citados fornecem elementos essenciais para o projeto atual. No entanto, não são suficientes para os propósitos a que nos propusemos. A principal razão para isto está no fato de que aqueles estudos, em geral, visaram avaliar as condições para desenvolvimento de atividades taxonômicas *per se*. Isto significa, em essência, arrolar especialistas em diferentes grupos taxonômicos, as coleções sistemáticas, e as condições institucionais em que tanto uns quanto outros se encontram.

No contexto da Convenção de Diversidade Biológica, a atividade taxonômica enquadra-se numa perspectiva maior, que tem outras finalidades, além da produção de conhecimento sistemático sobre os organismos do planeta. Consequentemente, precisamos examinar não apenas a existência de pessoas e instituições dedicadas à sistemática biológica, mas também as condições de aplicação do conhecimento que produzem para a solução de problemas para a conservação, uso sustentável e apropriação justa dos benefícios da biodiversidade.

Devido às dificuldades conceituais e empíricas que a avaliação de diversidade de ecossistemas oferece, o presente trabalho concentra-se em conhecimento de diversidade biológica no âmbito da diversidade de espécies e diversidade genética.

MÉTODOS E FONTES PARA O TRABALHO

OBJETIVOS ESPECÍFICOS

Os objetivos iniciais do projeto foram definidos como:
- produzir uma avaliação do estado do conhecimento sobre diversidade biológica no Brasil, considerada nos diferentes níveis definidos pela Convenção de Diversidade Biológica:
- identificar pontos fortes e lacunas no conhecimento existente, como subsídio para a elaboração da Estratégia Nacional de Biodiversidade:
- estruturar uma base de dados com estas informações, que pudesse ser ampliada e atualizada.

EQUIPE

Este trabalho foi inicialmente idealizado no âmbito do Grupo de Trabalho de Biodiversidade, um grupo constituído por profissionais vinculados a diversas universidades e ONGs ambientais que, em 1996 foi designado pela Presidência do CNPq como uma assessoria independente. A realização de um Diagnóstico do Estado do Conhecimento da Biodiversidade no Brasil foi contratada pela então Cobio (Coordenadoria Geral de Biodiversidade) do Ministério do Meio

Ambiente, com recursos do PNUD, para ser desenvolvida de novembro de 1997 a abril de 1998, tendo posteriormente sido prorrogada até 1999. O trabalho foi divido em estudos detalhados. A opção convencional seria de subdividir os trabalhos por critérios exclusivamente taxonômicos. Entretanto, preferimos dividir os consultores por um critério híbrido, atribuindo grupos taxonômicos conforme as facilidades de contato entre especialistas que trabalham em táxons e/ou ambientes afins (Tabela 3). Com isto, buscamos seguir os grupamentos "naturais" de especialistas que se congregam em sociedades e reuniões científicas especiais e têm publicações próprias, como por exemplo biologia marinha e limnologia.

Além de aproveitar as "redes de contato" existentes, este recorte não estritamente taxonômico serviu para enfatizar os componentes do conhecimento de biodiversidade que vão além da atividade taxonômica em si; procuramos, assim, consultar especialistas familiarizados com inventários e levantamentos em diferentes biomas e hábitats. Por outro lado, com essa opção de subdivisão, vários grupos de invertebrados, microrganismos e algas, que são comuns a mais de um ambiente, constaram (ou deveriam constar) em mais de um relatório detalhado. Não encaramos estas entradas múltiplas de determinados grupos como redundância, já que o estado de conhecimento e capacitação de um mesmo táxon por vezes é dramaticamente distinto entre ambientes diferentes.

Tabela 3. Composição da equipe principal que realizou o projeto.

Nome	Atribuição	Instituição
Coordenação		
Thomas M. Lewinsohn	Metodologia, base de dados e Síntese	NEPAM e Depto. Zoologia, Unicamp
Consultores		
Louis Bernard Klaczko	Diversidade genética	Depto. Genética. IB, Unicamp
Gilson P. Manfio	Diversidade microbiana	Fundação André Tosello, Campinas
Álvaro Migotto	Invertebrados marinhos	Centro de Biologia Marinha, USP
Carlos Roberto F. Brandão	Invertebrados terrestres	Museu de Zoologia, USP
Odete Rocha	Invertebrados e plantas de água doce	Depto. Ecologia, UF São Carlos
José Sabino	Vertebrados	Museu de História Natural, Unicamp
George J. Shepherd	Plantas vasculares terrestres	Depto. Botânica, IB, Unicamp

Nome	Atribuição	Instituição
Colaboradores principais		
Paulo Inácio K. L. Prado	Vertebrados e Síntese	NEPAM, Unicamp
Eliana M. Cancello	Invertebrados terrestres	Museu de Zoologia, USP
Christiane I. Yamamoto	Invertebrados terrestres	Museu de Zoologia, USP
Adriana M. Almeida	Síntese	Depto. Zoologia, Unicamp

O diagnóstico propôs-se a abranger a diversidade de espécies e a diversidade genética, mas não a diversidade de ecossistemas, embora avance alguns pontos conceituais em relação a esta última.

O grupo de consultores principais foi formado com base em diferentes critérios. Prevaleceram a atividade atual dos consultores; a facilidade de contato com colegas através de projetos em andamento, sociedades e encontros; o conhecimento geral do campo sob sua responsabilidade; a proximidade – todos os consultores são do Estado de São Paulo, o que facilitou reuniões da equipe e contato informal.

Sem dúvida, em um estudo de âmbito nacional seria interessante compor uma equipe de várias regiões do país, mas prevaleceram as razões práticas. Note-se, no entanto, que os informadores contactados pelos consultores e as fontes de informação de modo algum privilegiam pessoas ou instituições paulistas. Assim, buscamos evitar qualquer viés geográfico na obtenção ou interpretação dos dados com que trabalhamos.

DADOS UTILIZADOS E SUAS FONTES

Empregamos diferentes fontes de dados para compor este trabalho. Devido à heterogeneidade da própria informação sobre diferentes grupos taxonômicos e de disponibilidade e modo de organização desta informação, não foi possível uniformizar as fontes e a maneira de aproveitá-las para todas as áreas.

Não fixamos um nível taxonômico (filo, classe etc.) para servir de entidade de referência neste estudo. Em vez disto, buscamos organizar os grupos taxonômicos aproximadamente conforme as próprias especialidades. Em organismos aquáticos, o pesquisador especializa-se frequentemente em um filo (ou vários filos menores) ou então em uma classe. Nos vertebrados, as classes ou ordens são unidades comuns de trabalho, enquanto entomólogos costumam se especializar em uma ordem ou uma só família. Botânicos também tendem a se especializar em uma ou em algumas famílias de plantas superiores. As coleções sistemáticas frequentemente espelham a atuação de especialistas que trabalharam por períodos mais extensos na instituição: assim, os mesmos grupos – de família até filo – em que cada taxonomista se concentrou geralmente estarão melhor representados ou, ao menos, melhor estruturados. Por estas razões, as unidades taxonômicas utilizadas para coligir informações variaram desde família até filo.

A seguir, serão descritas as principais fontes que foram empregadas em todo o projeto e de que forma as informações usadas foram aproveitadas.

Questionário do projeto e sua aplicação

A principal fonte de informações foi um questionário, em formato de formulário, distribuído pelos consultores principais e seus coautores ou auxiliares a especialistas de diferentes grupos taxonômicos, áreas de conhecimento e instituições. O teor deste formulário já foi brevemente comentado na introdução e será apresentado em maior detalhe adiante.

O questionário que empregamos foi experimentado preliminarmente, durante a fase de preparação do programa BIOTA-FAPESP, em 1996-97. Este questionário foi concebido por Thomas Lewinsohn e utilizado, em conjunto com Carlos Roberto F. Brandão, no levantamento do conhecimento atual de artrópodos terrestres do Estado de São Paulo. Para o presente projeto, o questionário preliminar foi tornado mais abrangente, incorporando alterações propostas pelos consultores. A versão empregada para levantamento de informações junto aos especialistas consultados no presente estudo é apresentada integralmente no Anexo 1.

A estrutura do questionário e os pontos mais importantes cobertos são resumidos na Tabela 4.

Descartamos desde o início qualquer tentativa de um levantamento exaustivo que visasse consultar todo o conjunto de taxonomistas ativos no Brasil. Desenvolvemos um questionário-base a ser respondido por pelo menos um especialista de cada grupo em atividade no Brasil. O maior esforço foi voltado para engajar esta rede de especialistas representativos, cujas informações foram suficientes para traçar um panorama do estado atual de conhecimento e capacitação no Brasil. Este quadro, como já explicado na Introdução, foi traçado em linhas gerais, não sendo nem exaustivo nem detalhado na versão atual. No entanto, o questionário foi distribuído amplamente e o projeto foi aberto a contribuições espontâneas.

Em relação à diversidade de espécies, o estudo visou produzir um mapa abrangente, mas não exaustivo, do nosso estado de conhecimento: quais grupos estão melhor conhecidos, em que regiões geográficas e hábitats, e estão melhor representados em coleções e na literatura; por outro lado, quais grupos taxonômicos, regiões ou hábitats representam as lacunas mais graves para o conhecimento atual. As estimativas de diversidade biológica representam apenas um elemento deste perfil.

Tabela 4. Informações solicitadas no questionário para compor o perfil geral de conhecimento e capacitação sobre biodiversidade brasileira (veja no Anexo 1 o formulário completo utilizado).

1. Capacidade taxonômica: a. existência de profissionais em atividade com conhecimento taxonômico de organismos brasileiros no país (ou no exterior); b. existência de coleções e literatura suficientemente abrangentes e organizadas para permitir o trabalho taxonômico no grupo.
2. Condição da taxonomia do grupo: a. a taxonomia do grupo está bem estabelecida ou está precária: em especial, se as famílias e gêneros ocorrentes no Brasil estão adequadamente estabelecidos, ou se precisam ser revistos; b. existência de literatura de referência para as espécies ocorrentes no Brasil, como revisões, guias ou chaves de identificação; c. facilidade de reconhecer espécies neste grupo, mesmo sem identificá-las ou descrevê-las, separando "morfoespécies" em trabalhos de inventário ou monitoramento.
3. Abrangência de coleções: a. proporção das espécies brasileiras representada em coleções no país; b. grau de representação de regiões geográficas, diferentes ecorregiões brasileiras, e diferentes hábitats em coleções existentes.
4. Importância do grupo para: a. pesquisa básica, por exemplo, investigação de processos evolutivos; b. pesquisa aplicada, por exemplo, prospecção de fármacos; c. uso econômico, como produção de resinas, artesanato; d. indicadores de qualidade, riscos ou impactos ambientais; e. outros usos, como importância cultural.
5. Estudos genéticos: a. se há estudos sobre, ou grupos de pesquisa investigando, a estrutura ou a variação genética, e por quais métodos: b. se há estudos abrangentes de todo o grupo, ou de alguma subdivisão ou determinadas espécies; c. se há coleções mantidas ou destinadas especificamente a estudos de diversidade genética.

6. Estado do conhecimento do grupo no Brasil e no mundo:
a. tamanho do grupo taxonômico, em número de espécies, para todo o mundo, para a região neotropical (ou para a América do Sul) e para o Brasil, caso haja listagens ou estimativas;
b. número total de espécies suposto (incluindo as ainda não descritas ou desconhecidas para a região) para as mesmas regiões geográficas, caso seja possível estimá-lo.

7. Necessidades e prioridades para avançar o conhecimento do grupo:
a. principais dificuldades em relação ao trabalho taxonômico no grupo: falta de coleções; organização de coleções existentes; falta de acesso à literatura primária etc.;
b. se é possível hoje formar especialista para o grupo no Brasil, ou só no exterior; qual o tempo esperado de formação neste grupo;
c. se há possibilidade de produção de revisões e/ou guias para este grupo;
d. possibilidade de formar técnicos proficientes na identificação ou separação de espécies mais comuns deste grupo, para lidar com rotinas de inventários ou monitoramento.

Diretórios de especialistas e produção

Examinamos diversos diretórios de especialistas, alguns já mencionados anteriormente. A Tabela 5 resume diretórios de acesso público que foram avaliados, com observações sobre seu conteúdo e adequação para extrair informações relevantes para o presente trabalho.

De forma geral, julgamos que estes diretórios não se prestam facilmente para obtenção de estatísticas de pesquisadores e instituições em diferentes linhas de atuação e publicações. Destacamos algumas razões para isto:

– *dificuldades práticas de consulta*: muitas bases *on-line* são voltadas para localizar ou fornecer informações sobre pesquisadores ou instituições individuais. Para obtenção de estatísticas mais abrangentes, é necessário abrir e verificar as informações em cada registro. Palavras-chave, áreas de conhecimento e outros campos básicos muitas vezes são insuficientemente padronizados para permitir a separação necessária ou consultas eficientes.

– *inclusão por adesão espontânea*: exige, novamente, uma filtração para separar indivíduos com experiência genuína daqueles iniciantes bem-intencionados mas ainda não capacitados, e dos "generalistas" que se enquadram em tudo. Para perfis gerais, estas bases são problemáticas porque, naturalmente, constam mais pessoas em regiões com maior facilidade de acesso (este problema tende a desaparecer à medida que o acesso à Internet se torna quase universal, ao menos em instituições acadêmicas e de pesquisa); além disto, há uma tendência aglutinadora à medida que círculos de conhecidos se registram em bloco (por exemplo, os alunos de um determinado curso de pós-graduação), tornando a representação de grupos e instituições exageradamente desigual.

– *atualização desigual*: para bases produzidas em datas determinadas, poder-se-ia produzir um perfil para a data de fechamento. Com atualização muito desigual mas contínua, isto é impossível.

Por estas razões, estes diretórios de pesquisadores e instituições não foram utilizados para gerar estatísticas para o presente perfil. Entretanto, foram fonte importante para verificação de informação coligida de outras formas (inclusive pelo questionário do projeto) e para fornecer outros indicadores potenciais.

Devemos também ressaltar o importante potencial destas bases. Neste sentido, merece atenção o Sistema Lattes do CNPq, que representa um importante avanço e que também incorpora uma versão melhorada do Diretório de Grupos de Pesquisa do Brasil. Outra base com potencial é "Quem é quem em Biodiversidade no Brasil", mas que demandaria uma campanha para estimular a adesão de especialistas*. Tais bases de dados de acesso público aumentarão bastante sua utilidade se oferecerem alternativas de consultas totalizadoras ou, ao menos, facilitarem o *downloading* de listagem de resultados de buscas.

Tabela 5. Diretórios de pesquisadores e grupos de pesquisa examinados para o presente trabalho no período de 1999-2000.

Nome e referência	Origem	Observações
Quem é Quem em Biodiversidade do Brasil http://www.binbr. org.br/quem	Ligada ao Ministério do Meio Ambiente; questionário *on-line*	Base de dados implementada como parte da Rede de Informações de Bio diversidade (BINBR), vinculada à rede internacional (BIN). É preenchida espontaneamente e não é mediada (não há controle da informação). Em fev. 2000 com menos de 300 nomes incorporados
Prossiga http://www. prossiga.cnpq.br	CNPq (associado a outras agências financiadoras)	Consulta às informações do LATTES, base de dados do CNPq. Em 2000 constavam cerca de 21.000 currículos, porém incluindo técnicos de apoio, não necessariamente especializados; somente 40% foram atualizados. Não há facilidades para listagem. Problemas com buscas mais elaboradas. Em fev. 2000, havia 225 currículos com palavra-chave "taxonomia", 68 para "biodiversidade".

---

* Atualmente (2002) esta base encontra-se desativada.

Nome e referência	Origem	Observações
Diretório de Grupos de Pesquisa no Brasil http://www.cnpq.br.gpesq3/infodir.htm	CNPq	Com resultados do período 1995-97. Busca textual dá acesso a informações de 33.675 pessoas (bolsistas de diferentes níveis no CNPq) e sua produção. Há inconsistências na associação de linhas de pesquisa e produtividade com pessoas, o que dificulta a obtenção de estatísticas confiáveis sem verificação individual de dados. Atualmente na versão 4, mas com os mesmos problemas para buscas e contagens
Quem é quem na Entomologia http://www.bdt.org.br/quem-e-quem/entomologia	Soc. Entomológica do Brasil e soc. Bras. de Entomologia	Questionário circulado em 1994 entre associados das duas Sociedades, aberto a não membros; atualização esporádica e irregular desde então. Em fev. 2000 continha 448 registros, incluindo entradas duplicadas.
Quem é Quem em Mastozoologia http://www.bdt.org.br/quem-e-quem/mastozoologia	Soc. Brasileira de Mastozoologia	Base de dados de membros da SBMZ, em fev. 2000 com 257 registros; muitos incompletos e bastante desatualizados.
Quem é Quem em Botânica http://www.bdt.org.br/quem-e-quem/botanica	Sociedade Botânica do Brasil	Base de dados de membros da SBB, em fev. 2000 com 733 registros; defasagem de cerca de 5-6 anos.

Bases bibliográficas

Diferentes bases de dados, impressas ou eletrônicas, foram experimentadas como fonte de informação bibliográfica para a composição do perfil de conhecimento de biodiversidade brasileira. A Tabela 6 resume estas bases, destacando as características que as tornam mais ou menos adequadas para nossos fins.

As conclusões sobre a utilidade destes diretórios acompanham parcialmente os comentários acima, sobre os diretórios de pesquisadores.

Tabela 6. Bases de literatura científica examinadas em 1999-2000 para buscas sobre diversidade biológica no Brasil; as primeiras três foram usadas para levantamentos e estatísticas.

Nome e referência	Origem	Observações
Biological Abstracts CD-ROM (também publicado em papel e na Internet por assinatura)	BIOSIS (informações em http://www.york.biosis.org)	CD-ROMs desde 1985, atualmente semestrais. Literatura brasileira razoavelmente representada. Contém resumos em inglês (se houver no trabalho) e endereços institucionais. Títulos traduzidos para inglês. Cobertura mais fraca para anais, livros e outras publicações. Diversas mudanças em códigos e conteúdo dos campos ao longo dos anos: por isto exige atenção para buscas mais longas. Utilizamos de 1985-99 para levantamentos gerais, e os cinco anos de 1994 a 1998 inclusive para estatísticas detalhadas.
Zoological Record CD-ROM (também publicado em papel e na Internet por assinatura)	BIOSIS	Cobertura extensa da literatura zoológica publicada no e sobre o Brasil. Detalha espécies novas, sinonímias, novas combinações e chaves; distribuição geográfica quando consta. Cobre todos tipos de publicação. Não tem resumos. Utilizamos consultas em CD-ROM nominalmente de 1978-95 e, em parte, de 1995-99.
ASFA (Aquatic Sciences Fisheries Abstracts) CD-ROM, Internet por assinatura	Consórcio de orgs. da ONU (FAO, IOC etc.) e acadêmicas	Cobertura extensa de literatura de limnologia, biologia marinha e oceanografia, inclusive recursos físicos. Cobertura parcial de teses, relatórios, anais e resumos de congressos. Utilizamos levantamentos de 1988 até parte de 1999.
VAST http://mobot.mobot.org/Pick/Search/vbib.html (acesso aberto)	Missouri Botanical Garden, USA – projeto TROPICOS	Base de literatura do projeto de Flora neotropical do MBG. Há 899 entradas para o Brasil (fev. 2000). Palavras-chave para países mas não para hábitats. Cobertura irregular; parece mais completa para táxons pesquisados na instituição.

GeoRef CD-ROM	American Geological Institute	Cobre literatura mundial desde 1933. Contém algumas referências relevantes sobre ecologia da paisagem, sistemas geográficos de informação.
Web-of-Science http:// webofscience. fapesp.br (acesso restrito, via instituições autorizadas)	ISI (Institute for Scientific Information)	Base do Science Citation Index com links para referências citadas. Somente periódicos filiados ao ISI (pagantes) são incluídos. Periódicos brasileiros muito mal representados: nenhuma revista de botânica, zoologia ou limnologia.
PROSSIGA http://www. prossiga.cnpq.br	CNPq	Inclui publicações informadas pelos próprios pesquisadores. Estrutura de campos melhor que no Diretório de Grupos de Pesquisa, mas preenchimento irregular. Ver comentários sobre buscas em diretórios de pesquisadores na tabela precedente.
Bibliografias de referência do projeto	Pesquisadores consultados para o projeto	Alguns dos relatórios especializados reuniram bibliografia detalhada de seus táxons, especialmente os de Água Doce, Invertebrados Terrestres e Invertebrados Marinhos. O conjunto das referências foi usado para investigar tendências de origem institucional, geográfica e forma de publicação.

BASE DE DADOS DO PROJETO

O questionário encaminhado a especialistas foi o ponto de partida para a base de dados do projeto. Assim, estrutura "visível" da base de dados seguiu o mais de perto possível o questionário (Anexo 1), para facilitar a transposição dos dados obtidos junto aos especialistas. Internamente, porém, foi necessário realizar uma série de adaptações, com uma estrutura de dados mais flexível do que a empregada no questionário, para poder capturar dados mais heterogêneos sem perda de informação.

A Figura 2 mostra uma representação simplificada da estrutura relacional da base de dados. A estrutura real da base foi mais complexa, uma vez que, por exemplo, a classificação taxonômica compreende uma sequencia de tabelas hierarquicamente encadeadas.

Buscamos, quando possível, seguir padrões existentes. Neste sentido, para a classificação taxonômica adotamos o esquema de "cinco reinos" (Whittaker, 1959; Margulis e Schwartz, 1998); outros autores recentes reconhecem seis, ou mais, reinos. Para plantas, seguimos grosso modo a classificação de Cronquist, hoje a mais amplamente adotada no Brasil. Para animais, não há um único esquema consensual equivalente. Decidimos seguir a classificação utilizada pelo *Zoological Record* volume 134. por se tratar de uma fonte amplamente disponível (a classificação pode ser consultada inclusive pela Internet) e baseada na prática prevalente de muitos, senão a maioria, dos especialistas em atividade.

A classificação biogeográfica e de ambientes ofereceu mais dificuldades. Pretendemos, em princípio, seguir onde possível a classificação de regiões adotada pelo IBGE; mas notamos discrepâncias, embora menores, até mesmo em versões recentes desta mesma fonte (i. e., Mapa de Vegetação do Brasil, 1988: Anuário Estatístico do Brasil, 1994). O trabalho de Rizzini *et al.* (1988) oferece uma versão simplificada e prática, mas também insuficiente para nossos propósitos. Adotamos então uma classificação genérica e híbrida, mas suficiente para os propósitos do trabalho.

As referencias bibliográficas seguiram uma estrutura de campos equivalente a de gerenciadores bibliográficos e formatos-padrão em bases bibliográficas (como Med-Line, empregado por Biological Abstracts e Current Contents em CD-ROM).

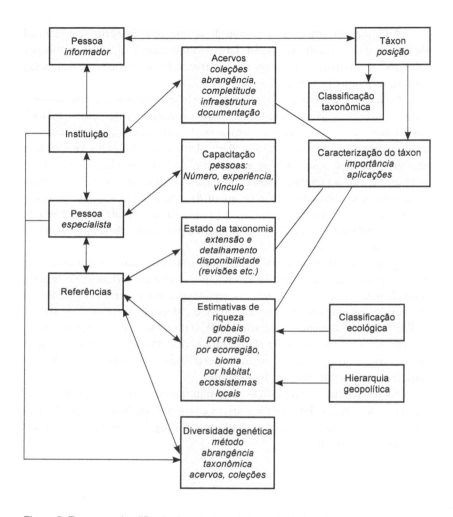

Figura 2. Esquema simplificado da estrutura da base de dados. Para maior clareza, os objetos representados não correspondem estritamente aos objetos da base. As setas contínuas mostram as relações formais entre tabelas, e as linhas tracejadas representam interligações adicionais entre informações na base.

CAPACITAÇÃO E RECURSOS INSTITUCIONAIS

SUFICIÊNCIA E DEMANDA DE ESPECIALISTAS

Para resumir as precondições de investigação e identificação taxonômica, no âmbito dos grupos considerados neste trabalho, examinamos três itens agregados:
- número de especialistas ativos no país;
- número e conteúdo das coleções científicas;
- suficiência da documentação (essencialmente bibliográfica) para cada táxon.

Deve-se relembrar que as avaliações prestadas por especialistas são circunscritas a determinados ambientes. O mesmo táxon, em ambientes distintos, pode ter avaliações divergentes; como exemplo, os ácaros terrestres, especialmente os fitófagos, têm um grupo ativo embora reduzido de especialistas, com boas coleções e documentação; já para ácaros aquáticos, tanto de água doce quanto marinhos, não consta nenhum pesquisador nem tampouco qualquer coleção representativa.

O número de especialistas no país foi informado como mínimo ou nulo para a maioria dos táxons sobre os quais foi dada resposta (76%, Tabela 7, Figura 3). Esta proporção, apesar de alta, deve ainda estar subestimada visto que, na maioria dos grupos para os quais não foi obtida qualquer informação, é também improvável haver um contingente substancial de especialistas.

A avaliação pedida aos informadores foi bastante complexa: o número considerado adequado de especialistas varia conforme se enfatize o trabalho taxonômico original (especialmente importante em grupos de alta diversidade e ainda pouco conhecidos) ou a demanda de especialistas para identificação de espécies, extensamente descritas, em inventários ou estudos de monitoramento ou impacto (de maneira geral, isto se aplica a plantas terrestres e vertebrados terrestres). Tal ambiguidade talvez explique porque muitos especialistas não propuseram um número mínimo de taxonomistas necessário no Brasil, para os táxons que avaliaram (*vide* Anexo 1, Ficha de Prioridades para o Táxon, item "Formação de Pessoal").

Ainda assim, foram coligidas estimativas para um conjunto representativo de táxons, e sua comparação com o número de especialistas em atividade sugere que o número de taxonomistas no Brasil deveria ser, em média, triplicado. Agregando-se todos táxons informados, os especialistas em atividade citados somam pouco mais de um terço do número mínimo considerado necessário (Tabela 8). Note-se, ainda, que essa proporção é inferior a um terço para 26 táxons, dos 47 citados (55%), que incluem grupos importantes e diversificados como Moluscos e Nematódeos marinhos, e Ácaros terrestres (Tabela 8). Para apenas 8 táxons (17%) foram citados especialistas em número igual ou superior ao mínimo necessário (Tabela 8) e estes, de modo geral, são táxons de tamanho pequeno ou moderado.

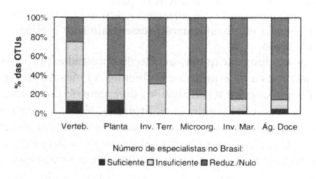

Figura 3. Percentual das unidades taxonômicas ("OTUs" ou unidades taxonômicas operacionais) em cada grupo quanto à suficiência de número de especialistas no país. Fonte: questionários. Ver também Tabela 7.

Tabela 7. Suficiência de especialistas no país: número de táxons enquadrados em diferentes categorias, desde "nulo" (nenhum especialista conhecido no país) até "suficiente". NR = não respondido; mínimo = "reduzidíssimo" no questionário. Fonte: questionários.

Grupo	NR	Suficiente	Insuficiente	Mínimo	Nulo	Total
Orgs. água doce	0	2	4	24	11	41
Invs. marinhos	1	1	6	20	19	47
Invs. terrestres	1	0	5	10	1	17
Microrganismos	6	0	1	4	0	11
Plantas	0	2	4	9	0	15
Vertebrados	1	1	5	2	0	9
Total	9	6	25	69	31	140

Tabela 8. Número de taxonomistas citados em atividade no Brasil, número mínimo considerado necessário, e número de citados como percentual do número mínimo, para cada táxon. Fonte: questionários. Estes itens foram respondidos para 47 dos 140 táxons informados.

Grupo	Táxon	N° Citados	N° Mínimo	Citados (% min.)
Ág. Doce	Aeglidae	1	2	50
Ág. Doce	Bivalves	3	10	30
Ág. Doce	Chlorophyceae	1	10	10
Ág. Doce	Copepoda	4	15	27
Ág. Doce	Cyanophyceae	4	20	20
Ág. Doce	Gastrotricha	1	4	25
Ág. Doce	Mollusca	1	10	10
Ág. Doce	Palaemonidae	4	4	100
Ág. Doce	Protozoa	2	6	33
Ág. Doce	Pseudothelphusidae	2	1	200
Ág. Doce	Pyralidae	0	1	0
Ág. Doce	Rotifera	10	10	100
Ág. Doce	Trichodactylidae	1	2	50
Inv. Mar	Ascidiacea	3	5	60
Inv. Mar	Brachyura	2	8	25
Inv. Mar	Bryozoa	0	3	0
Inv. Mar	Chaetognatha	2	2	100
Inv. Mar	Cirripedia	1	1	100
Inv. Mar	Copepoda	3	10	30
Inv. Mar	Demospongiae	4	10	40
Inv. Mar	Dendrocrachiata	1	4	25
Inv. Mar	Echinodermata	1	10	10
Inv. Mar	Gastrotricha	1	4	25
Inv. Mar	Hydrozoa	6	4	150

Grupo	Táxon	N° Citados	N° Mínimo	Citados (% min.)
Inv. Mar	Kinorhyncha	0	1	0
Inv. Mar	Lernaeidae	1	5	20
Inv. Mar	Mollusca	1	20	5
Inv. Mar	Nematoda	2	20	10
Inv. Mar	Octocorallia	1	5	20
Inv. Mar	Phoronida	1	1	100
Inv. Mar	Poecilostomatoida	2	10	20
Inv. Mar	Polychaeta	7	10	70
Inv. Mar	Scleractinia	5	5	100
Inv. Mar	Scyphozoa e Cubozoa	2	5	40
Inv. Mar	Siphonostomatoida	1	10	10
Inv. Mar	Zoanthidae	1	4	25
Inv. Mar	Acari	2	10	20
Inv. Mar	Braconidade e Ichneumonidae	1	10	10
Inv. Terr.	Elateridae	1	4	25
Inv. Terr.	Hymenoptera	11	15	73
Inv. Terr.	Isoptera	3	10	30
Inv. Terr.	Oligochaeta	2	5	40
Inv. Terr.	Opiliones	2	5	40
Plantas	Melastomataceae	4	5	80
Plantas	Momosaceae	1	5	20
Vertebr.	Anura	18	25	72
Vertebr.	Bagres cavernícolas	4	6	67
	Total	131	352	37

Assim, apesar da margem de variação devido a julgamentos pessoais, não há dúvida quanto à grande deficiência de taxonomistas para estudos de biodiversidade no país. Para muitos grupos importantes não foi identificado nenhum taxonomista ativo no Brasil, principalmente entre invertebrados (Figura 3).

O problema pode ser resolvido com a formação de mais taxonomistas e a contratação dos já formados. Os questionários indicam que as duas soluções podem ser implementadas em pouco tempo, e predominantemente com a competência técnica já existente no país.

Os questionários frequentemente indicaram taxonomistas que não estão exercendo sua especialidade, e que poderiam ser absorvidos por instituições de pesquisa. Para cerca de 30% dos táxons informados, há profissionais nessas condições (Tabela 9); apenas para microorganismos essa proporção está abaixo dos 25% (Figura 4).

A maior parte das citações de profissionais não contratados são para táxons cujo número de especialistas foi considerado insuficiente ou reduzidíssimo (Tabela 9), de modo que se estes especialistas forem empregados em suas áreas de competência, haverá um ganho apreciável de capacitação para estes táxons. Por outro lado, dos 31 táxons citados como não tendo nenhum especialista em atividade no Brasil, apenas um teve indicação de taxonomistas disponíveis para contratação (Tabela 9). Além disto, o número de profissionais disponíveis citados não é suficiente para saldar o déficit de especialistas em nenhum dos táxons. Dessa maneira, a falta de taxonomistas, verificada para a maioria dos táxons informados, só poderá ser completamente sanada com a formação de novos especialistas, ou então com a contratação de profissionais do exterior.

De acordo com os especialistas consultados, a formação de novos profissionais para a maioria dos táxons pode ser feita em nosso país e em curto prazo. Para 93% dos táxons operacionais informados, taxonomistas podem ser formados no Brasil, com orientação no país (63%), ou do exterior (21%, Tabela 10). Deve-se notar, entretanto, que organismos de água doce, invertebrados marinhos e microrganismos tiveram uma grande proporção de táxons (40-70%) para os quais a formação de especialistas só foi considerada possível fora do país, ou com orientação do exterior (Tabela 10, Figura 5). Uma proporção semelhante deve ser esperada para invertebrados terrestres, desde que se acrescentem também os diversos táxons para os quais não foi obtida informação por meio dos questionários.

Tabela 9. Suficiência de especialistas no país: Número de unidades taxonômicas por classe de suficiência de especialistas e percentual desses táxons que possuem especialistas disponíveis para contratação. Fonte: questionários.

Quantidade de Especialistas	N° de unidades taxonômicas	% entidades c/ especialistas disponíveis
Suficiente	6	33.3
Insuficiente	25	60.0
Reduzidíssimo	69	26.1
Nulo	31	3.2
Total	131	28.2

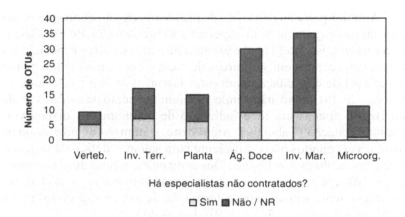

Figura 4. Número de unidades taxonômicas informadas, em cada grupo de organismos, com e sem taxonomistas que não estão contratados em sua especialidade. Fonte: questionários. Ver também Tabela 9.

Em cerca de 60% dos táxons considerados, especialistas podem ser formados em quatro anos ou menos, fração que chegou a aproximadamente 80% para organismos de água doce, invertebrados marinhos, e vertebrados (Tabela 11, Figura 6). Os informadores não reconheceram nenhum táxon operacional cujos especialistas levassem mais de dez anos para serem formados (Tabela 11). Por outro lado, apenas 12% dos táxons que foram avaliados podem ter especialistas formados em um a dois anos. Logo, considerando-se que a formação do taxonomista ocorre total ou predominantemente em sua pós-graduação, apenas cursos de especialização e mestrado são insuficientes para capacitar plenamente especialistas para a maioria dos táxons informados.

Outra ressalva a se fazer é que o tempo relativamente curto apontado pelos informadores para formar novos taxonomistas presume a existência de todas as condições objetivas para implementar essa formação. Pelo diagnóstico feito pelos próprios informadores, muitas vezes tais condições não existem, principalmente pela escassez de especialistas já formados (e, portanto, de orientadores), e também pela insuficiência das coleções. Além disto, especialistas e coleções estão fortemente concentrados em poucas instituições, principalmente no sul e sudeste do país (como veremos adiante), o que limita a criação de novos cursos de pós-graduação.

Tabela 10. Formação de pessoal: número de unidades taxonômicas, em cada grupo de organismos, para os quais especialistas podem ser formados no Brasil; no Brasil, porém com orientação do exterior; ou apenas fora do país. NR = Não respondido. Fonte: questionários. Ver também Figura 5.

Grupo	NR	No Brasil	No Brasil c/ orientação de fora	Só no exterior	Total
Orgs. água doce	5	15	8	1	29
Invs. marinhos	2	19	8	5	34
Invs. terrestres	0	11	2	0	13
Microrganismos	1	1	2	1	5
Plantas	1	12	1	0	14
Vertebrados	1	7	1	0	9
Total	9	65	22	7	104

Tabela 11. Formação de pessoal: número de unidades taxonômicas, em cada grupo de organismos, para os quais especialistas podem ser formados nos prazos de: 1 a 2 anos, 2 a 4 anos. 4 a 10 anos, mais de 10 anos. NR = Não respondido. Fonte: questionários. Ver também Figura 6.

Grupo	NR	1-2 anos	2-4 anos	4-10 anos	> 10 anos	Total
Orgs. água doce	4	5	14	6	0	34
Invs. marinhos	4	6	18	6	0	13
Invs. terrestres	1	0	5	7	0	5
Microrganismos	1	0	2	2	0	14
Plantas	1	1	6	6	0	9
Vertebrados	1	0	6	2	0	104
Total	12	12	51	29	0	179

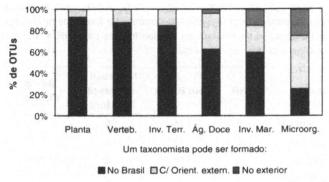

Figura 5. Percentual de unidades taxonômicas para os quais um taxonomista pode ser formado no Brasil, no Brasil com orientação do exterior, ou apenas fora do Brasil. Fonte: questionários. Ver também Tabela 10.

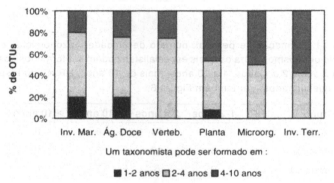

Figura 6. Percentual das unidades taxonômicas para os quais um taxonomista pode ser formado em 1 a 2 anos, 2 a 4 anos, ou 4 a 10 anos. A classe "mais de 10 anos" constava no questionário, mas não foi assinalada para nenhum táxon avaliado (Tabela 11). Fonte: questionários.

COLEÇÕES E BIBLIOTECAS CIENTÍFICAS

Em comparação com a grande carência de especialistas, o diagnóstico das coleções científicas é um pouco mais encorajador: em geral, foram consideradas ao menos parcialmente adequadas (Tabela 12). Ainda assim, as coleções foram reputadas suficientes, ou quase, para o estudo de apenas 25% dos táxons avaliados, ao passo que em 27% foram tidas como totalmente inadequadas (Figura 7). Os problemas são agravados pela distribuição desigual das coleções no país; esta questão será retomada adiante.

Um problema crítico para as coleções brasileiras é a falta de curadores efetivos. O número de profissionais empregados para exercer a curadoria está muito aquém do necessário, mesmo nas instituições melhor estruturadas. A curadoria dos acervos, em muitos casos, depende do trabalho de professores ou pesquisadores que têm outros encargos e da colaboração voluntária de estagiários, pesquisadores aposentados, pós-graduandos e outras pessoas sem qualquer vínculo formal. Por isto, o risco de degradação ou abandono de acervos importantes é constante.

Outros estudos forneceram um diagnóstico detalhado das coleções biológicas no Brasil (por exemplo Brandão *et al.*, 1998; Siqueira e Joly, 1997). Além de apontarem os problemas que destacamos acima, ressaltam também as condições inadequadas de infraestrutura (climatização, armários apropriados etc.) e a falta de pessoal e material para as rotinas de manutenção (como troca periódica de líquidos fixadores ou expurgo de pragas).

As bibliotecas de literatura taxonômica tiveram uma avaliação similar, a maioria sendo considerada parcialmente adequada para o estudo dos táxons sobre os quais foi dada resposta, mas houve poucos casos em que a literatura pudesse ser considerada completa e adequadamente disponível (Tabela 13, Figura 8).

Parte das lacunas dos acervos bibliográficos deve-se à inexistência de literatura de identificação, como guias e chaves. Não há qualquer publicação desse tipo acessível para 35% dos táxons informados (Tabela 14). Invertebrados marinhos e terrestres são os grupos que têm essa carência mais acentuada (Figura 9). Quando existentes, os guias foram, na maioria, classificados como parcialmente adequados, ou ainda em preparação (Tabela 15, Figura 9). Segundo os informadores, há no Brasil especialistas capazes de produzir guias de identificação para 68% dos táxons informados, percentual que chega a 97% se estabelecidas colaborações com pesquisadores de outros países (Tabela 15). Invertebrados marinhos e microrganismos possuem a maior proporção de táxons para os quais é necessária colaboração estrangeira para produzir guias (Tabela 15, Figura 10). Para a maioria dos táxons operacionais informados (75%), guias e chaves de identificação podem ser produzidos em no máximo quatro anos (Tabela 16). Para mais da metade dos táxons de invertebrados terrestres e micro-organismos, todavia, a produção desta literatura levaria mais de quatro anos (Figura 11).

Tabela 12. Suficiência de coleções no país para estudo de diferentes táxons: número de táxons enquadrados em diferentes categorias de autossuficiência, desde "não" (nenhuma) até "totalmente" (completa). NR = Não respondido. Fonte: questionários.

Grupo	NR	Totalmente	Gde. parte	Em parte	Não	Total
Orgs. água doce	2	2	8	11	7	30
Invs. marinhos	2	0	2	19	11	34
Invs. terrestres	2	1	4	8	2	17
Microrganismos	3	0	1	1	3	8
Plantas	2	1	2	9	1	15
Vertebrados	0	1	3	0	4	8
Total	11	5	20	48	28	112

Tabela 13. Adequação do acervo bibliográfico: número de táxons enquadrados em diferentes graus de suficiência da bibliografia disponível em bibliotecas institucionais brasileiras. NR = Não respondido. Fonte: questionários.

Grupo	NR	Sim	Em parte	Não	Total
Orgs. água doce	1	12	11	6	30
Invs. marinhos	2	18	13	1	34
Invs. terrestres	3	9	5	0	17
Microrganismos	3	0	5	0	8
Plantas	2	3	9	1	15
Vertebrados	0	6	3	0	9
Total	11	48	46	8	113

Tabela 14. Adequação do acervo bibliográfico: número de táxons para os quais há guias de identificação acessíveis, e em que condições, para cada grupo de organismo. NR = Não respondido. Fonte: questionários.

Grupo	NR	Sim	Em parte	Em prepar.	Não	Desnec.	Total
Orgs. água doce	3	5	7	10	4	1	30
Invs. marinhos	2	6	7	3	16	0	34
Invs. terrestres	4	3	3	0	7	0	17
Microrganismos	6	0	0	0	2	0	8
Plantas	2	4	4	2	3	0	15
Vertebrados	0	2	5	0	2	0	9
Total	17	20	26	15	34	1	113

Tabela 15. Número de táxons, em cada grupo de organismos, para os quais há pesquisadores no Brasil capazes de produzir guias de identificação, com e sem colaboração de pesquisadores do exterior. NR = Não respondido. Fonte: questionários.

Grupo	NR	Sim	Em colab.	Não	Total
Orgs. água doce	3	21	6	0	30
Invs. marinhos	4	16	11	3	34
Invs. terrestres	6	8	3	0	17
Microrganismos	4	1	3	0	8
Plantas	2	11	2	0	15
Vertebrados	2	5	1	0	8
Total	21	62	26	3	112

Tabela 16. Número de táxons, em cada grupo de organismos, por classes de tempo necessário para a produção de guias de identificação. Fonte: questionários.

Grupo	1-2 anos	2-4 anos	4-6 anos	> 6 anos	Total
Orgs. água doce	6	10	3	0	19
Invs. marinhos	13	7	3	2	25
Invs. terrestres	2	6	2	0	10
Microrganismos	0	4	1	0	5
Plantas	0	2	2	1	5
Vertebrados	0	2	3	0	5
Total	21	31	14	3	69

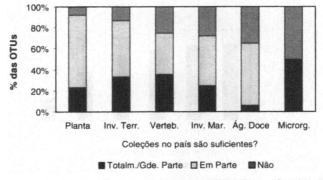

Figura 7. Percentual das unidades taxonômicas ("OTUs") qualificadas quanto ao número e conteúdo das coleções no país, em relação ao necessário para pesquisa e identificação de espécies. Fonte: questionários. Ver também Tabela 12.

51

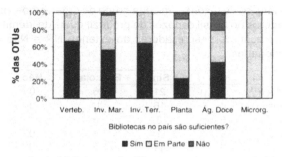

Figura 8. Adequação de bibliotecas científicas, em número e conteúdo, para estudo das unidades taxonômicas ("OTUs") avaliadas em cada grupo. Fonte: questionários. Ver também Tabela 13.

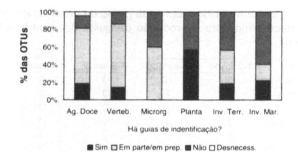

Figura 9. Percentual de unidades taxonômicas ("OTUs") em cada grupo para os quais existem guias e chaves de identificação acessíveis. Fonte: questionários. Ver também Tabela 14.

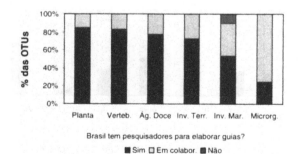

Figura 10. Percentual de unidades taxonômicas ("OTUs") em cada grupo para os quais há pesquisadores no Brasil capazes de elaborar guias de identificação, com e sem colaboração com pesquisadores do exterior. Fonte: questionários. Ver Tabela 15.

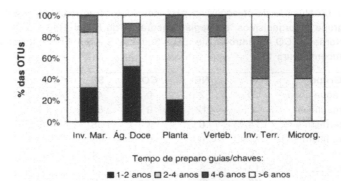

Figura 11 Percentual das unidades taxonômicas em cada grupo de organismos, por classe de tempo necessário para a produção de guias e chaves de identificação. Fonte: questionários. Ver também Tabela 16.

DISTRIBUIÇÃO REGIONAL DE ESPECIALISTAS E INSTITUIÇÕES

Os recursos humanos e materiais para o estudo da diversidade estão fortemente concentrados nas regiões Sul e Sudeste do Brasil, que agregam cerca de 80% das coleções (Tabela 17, Figura 12) e dos pesquisadores (Figura 13) do país.

Além de concentradas regionalmente, as coleções biológicas também estão concentradas institucionalmente. As 354 coleções indicadas como representativas estão distribuídas em 54 instituições, predominantemente universidades públicas, ou museus ligados a estas (Tabela 18). As sete instituições com mais indicações agregam metade das coleções (Tabela 18), sendo duas do Estado de São Paulo (Museu de Zoologia da USP e Universidade de São Paulo), duas do Rio de Janeiro (Museu Nacional e Jardim Botânico do Rio de Janeiro), uma do Amazonas (Instituto Nacional de Pesquisas da Amazônia), uma do Pará (Museu Paraense Emílio Goeldi) e uma do Rio Grande do Sul (Fundação Zoobotânica). Nenhuma instituição possui coleções de todos os grupos de organismos (Tabela 18), principalmente devido à separação tradicional entre museus zoológicos e herbários e também pelo surgimento mais recente de coleções microbianas, que tendem a se instalar em instituições próprias.

Tabela 17. Número de coleções no país indicadas como mais importantes para cada grupo de organismos, por região geográfica do Brasil. Regiões: N – Norte, NE – Nordeste, CO – Centro-Oeste, SE – Sudeste, S – Sul. Fonte: questionários. Ver também Figura 12.

Grupo	N	NE	CO	SE	S	Total
Orgs. água doce	10	2	0	44	15	71
Invs. marinhos	1	12	0	56	13	82
Invs. terrestres	14	0	3	38	13	68
Microrganismos	0	0	0	11	2	13
Plantas	3	3	1	34	4	45
Vertebrados	12	8	6	34	16	76
Total	40	25	10	217	63	355

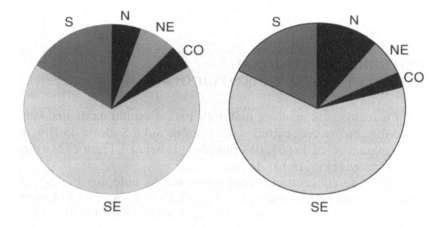

Figura 12 (à esquerda). Distribuição das coleções destacadas como importantes do Brasil, por região geográfica do país. Cada coleção citada foi considerada, independentemente das instituições; para estas, ver a Tabela 18. Regiões: N – Norte, NE – Nordeste, CO – Centro-Oeste, SE – Sudeste, S – Sul. Fonte: questionários. Ver também Tabela 17.

Figura 13 (à direita). Distribuição de especialistas representativos no Brasil, citados por região geográfica do país. Fonte: questionários.

Tabela 18. Número de coleções representativas indicadas pelos informadores, por grupo e por Instituição que as abrigam.

Instituição	Ág. Doce	Inv. Mar.	Inv. Terr.	Microrgs.	Plantas	Verteb.	Total	N° Grupos
MZUSP	12	12	14	0	0	6	44	4
MNRJ	11	16	7	0	0	6	40	4
USP	3	18	1	0	4	0	26	4
INPA	8	1	6	0	0	2	22	5
MPEG	2	0	8	0	0	6	16	3
MCNZ	8	4	4	0	0	0	16	3
RB	1	0	0	0	13	0	14	2
UFSCar	6	2	3	0	0	1	12	4
IB	4	0	8	0	0	0	12	2
UFPR	3	2	6	0	0	0	11	3
IBt	3	0	0	0	8	0	11	2
UNICAMP	0	1	0	0	4	5	10	3
UFPE	2	7	0	0	0	0	9	2
UFRJ	0	3	1	3	0	1	8	4
FURG	0	5	0	0	0	2	7	2
UFPB	0	3	0	0	0	3	6	2
MHNCI	0	0	2	0	0	4	6	2
UnB	0	0	1	0	0	4	5	2
UNESP-SJRP	1	1	0	0	0	2	4	3
UNESP-BOTU	1	0	1	0	1	1	4	4
UFRRJ	0	0	2	0	0	2	4	2
UFRGS	3	0	0	0	0	1	4	2
UFMG	0	0	0	3	0	1	4	2
PUCRS	0	0	1	0	0	3	4	2
MBM	0	0	0	0	4	0	4	1
FAT	0	0	0	4	0	0	4	1
UFSC	0	0	0	2	0	1	3	2
UFC	0	0	0	0	0	3	3	1
UFBA	0	2	0	0	0	1	3	2
MCN	0	0	0	0	0	3	3	1
MBML	0	0	0	0	0	3	3	1
FIOCRUZ	2	1	0	0	0	0	3	2
CEPLAC	0	0	0	0	2	1	3	2
UNESP-RC	0	0	0	1	0	1	2	2
UEM	1	0	0	0	0	1	2	2
PUCGO	0	0	0	0	0	2	2	1
IBGE	0	0	2	0	0	0	2	1
CETESB	0	2	0	0	0	0	2	1
USU	0	0	0	0	1	0	1	1
UFV	0	0	1	0	0	0	1	1
UENF	0	0	0	0	0	1	1	1
UEL	0	0	0	0	0	1	1	1

Instituição	Ág. Doce	Inv. Mar.	Inv. Terr.	Microrgs.	Plan-tas	Verteb.	Total	Nº Grupos
UEFS	0	0	0	0	1	0	1	1
Col. Rolf Grantsau	0	0	0	0	0	1	1	1
IMTM	0	0	0	0	0	1	1	1
IBSP	0	0	0	0	0	1	1	1
IAN	0	0	0	0	1	0	1	1
HB	0	0	0	0	1	0	1	1
Col. H. Alva-renga	0	0	0	0	0	1	1	1
FFCLRP	0	0	0	0	0	1	1	1
FCAB	0	0	0	0	1	0	1	1
ESALQ	0	0	0	0	1	0	1	1
CENARGEN	0	0	0	0	1	0	1	1
CEM	0	1	0	0	0	0	1	1
TOTAL	71	81	68	13	45	76	354	-
Nº Instituições	17	17	17	5	15	33	54	-

FORMAS DE PUBLICAÇÃO

Na Figura 14, examinamos o modo de divulgação de trabalhos recentes (de 1978 a 1998) citados nas bibliografias de referência fornecidas pelos especialistas consultados. Esta figura mostra, claramente, que uma fração considerável da literatura julgada importante pelos próprios especialistas vem sendo publicada de forma inadequada: 38% das referências são em formatos de publicação com circulação bastante restrita. O problema pode ser ainda maior do que parece, caso parte dos especialistas consultados tenha excluído tais publicações em suas listagens.

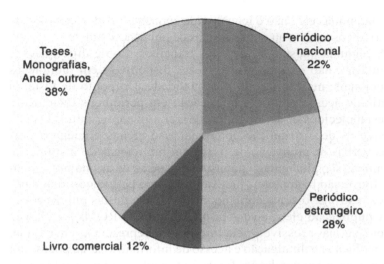

Figura 14. Proporções de diferentes tipos de publicações recentes (posteriores a 1978) citadas nas bibliografias de referência fornecidas pelos especialistas consultados. Foram utilizadas as referências dos relatórios de organismos de água doce, invertebrados marinhos e terrestres e microrganismos. A categoria "Teses etc." inclui relatórios e livros com distribuição restrita; "livro comercial" é qualquer livro (e seus capítulos) livremente distribuído, i. e. que pode ser adquirido por meio de livrarias, incluindo-se os da maioria das editoras universitárias. Foram compiladas 779 referências, já excluídas 205 anteriores a 1978 (há uma pequena redundância entre as diferentes bibliografias fornecidas).

Se examinarmos separadamente os grupamentos de organismos verificaremos que a proporção de publicações fora de periódicos é maior na literatura aquática (marinha e água doce) e pequena na de microrganismos. As referências para invertebrados terrestres – principalmente os artrópodes – são relativamente concentradas em periódicos nacionais. Embora não tenham sido tabuladas, avaliando as bibliografias disponíveis dos especialistas consultados e outras fontes, podemos presumir que a proporção de publicações fora de periódicos é maior na literatura de plantas e muito menor na de vertebrados.

Há dois problemas com esta situação. Em primeiro lugar, muitas dessas publicações (teses, relatórios, resumos de congressos etc.) não são aceitas como válidas para a taxonomia formal. Portanto, a descrição de novas espécies ou qualquer alteração taxonômica, como o estabelecimento de sinonímias etc., não é reconhecida enquanto não for incorporada em periódicos aceitos ou outras formas de publicação válida.

A segunda questão é que estes trabalhos são de difícil acesso e circulação, não estando muitas vezes disponíveis em bibliotecas institucionais, mesmo nas de boa qualidade. Do ponto de vista da garantia de acesso amplo, a publicação em periódicos regulares e bem estabelecidos é, de longe, preferível a qualquer outra. Livros, inclusive os de distribuição comercial, são menos eficientes, porque as verbas de aquisição de livros em bibliotecas de instituições acadêmicas são ainda mais inconstantes que as de assinaturas; além disto, livros são bem menos indexados do que periódicos, o que por sua vez restringe o conhecimento, acesso e uso destas publicações.

A publicação eletrônica – primeiro, em CD-ROMs e cada vez mais em páginas acessíveis pela Internet – já representa, sem dúvida, uma revolução na divulgação e acesso de informação. Este ponto será retomado nas Recomendações finais. Entretanto, embora a publicação de periódicos convencionais, da forma como a conhecemos, possa estar com seus dias contados, esta substituição não se dará instantaneamente; há muitas questões técnicas, formais e legais ainda a resolver.

CONHECIMENTO DA BIODIVERSIDADE BRASILEIRA

CONHECIMENTO TAXONÔMICO ATUAL E TAXAS DE NOVAS DESCRIÇÕES

No capítulo anterior, caracterizamos os recursos humanos e institucionais disponíveis e necessários para conhecimento da biodiversidade brasileira. Este capítulo se destina a avaliar a magnitude da tarefa.

Um dos elementos essenciais para conhecimento de biodiversidade é a descrição de novas espécies. As taxas de descrição de novas espécies são indicadoras do volume de trabalho a realizar e do ritmo em que ele vem sendo desenvolvido. Os dados para animais sugerem que, em média, nas últimas décadas duas ou mais espécies novas foram descritas a cada dia.

Apenas no período de 1978 a 1995, foram descritas 7320 espécies de animais metazoários para o Brasil (Tabela 19), principalmente de insetos (69%), aracnídeos (11%), e peixes ósseos (5%). Em média, essas descrições representaram um acréscimo de 7% nas espécies brasileiras, valor que deve chegar a pelo menos 10%, se acrescentarmos também os novos registros de ocorrência, no Brasil, de espécies já descritas. Mantida esta taxa, podemos estimar, muito moderadamente, que o total de espécies brasileiras reconhecidas aumenta em torno de 0,6% ao ano. Presumindo que no Brasil haja cerca de 10 espécies desconhecidas para cada conhecida (ver "Estimativas de biodiversidade brasileira", p. 78), essa taxa projetaria pelo menos 10 séculos de trabalho para que todas as espécies fossem conhecidas. Pelo menos nos grupos mais diversificados, o principal limitante do número de espécies descritas ao ano é o número de especialistas em atividade, que é reduzidíssimo até para processar os grandes volumes de material já coletado e depositado nas coleções.

A pesquisa taxonômica não se restringe à descrição de espécies, o que torna maior o trabalho ainda por se fazer no Brasil. Na opinião dos especialistas que responderam aos questionários, as famílias de metade dos táxons que ocorrem no Brasil necessitam de revisão (Tabela 20). Os vertebrados possuem a menor proporção de táxons nessa situação (20%) e os microrganismos, a maior (90%, Figura 15). A fração de táxons cujos gêneros necessitam de revisão é ainda maior (70%), podendo chegar a mais de 90%, como no caso de invertebrados terrestres (Tabela 21, Figura 15).

Associada a essas lacunas na taxonomia da maioria dos grupos está a dificuldade de identificação. Segundo os questionários, em cerca de dois terços dos táxons não é possível para um não taxonomista identificar espécies, uma fração que chega a 95% no caso dos invertebrados terrestres (Tabela 22, Figura 16). Em cerca de 30% dos táxons, a identificação não pode ser feita nem até gênero (Tabela 22), sendo os microrganismos o grupo mais problemático a esse respeito (54% dos táxons, Figura 16).

Tabela 19. Número de espécies de metazoários registradas atualmente no Brasil por filo ou classe, número de espécies descritas para o Brasil no período de 1978 a 1995, e percentual destas em relação ao número de espécies hoje conhecidas para o país. Fonte: Zoological Record.

Filo/Classe	N° espécies atuais no Brasil	N° espécies descritas 1978-95	% Descritas/ atuais no Brasil
Porifera	344	34	9.9
Cnidaria	477	9	1.9
Ctenophora	2	0	0.0
Platyhelminthes	?	214	?
Gastrotricha	69	28	40.6
Rotifera	500	14	2.8
Acanthocephala	?	7	?

Filo/Classe	N° espécies atuais no Brasil	N° espécies descritas 1978-95	% Descritas/ atuais no Brasil
Kinorhyncha	1	0	0.0
Priapula	1	0	0.0
Nematomorpha	11	0	0.0
Nematoda	?	127	?
Chaetognatha	18	0	0.0
Mollusca	3900	111	2.8
Nemertea	43	0	0.0
Sipuncula	30	2	6.7
Echiura	9	0	0.0
Pogonophora	1	0	0.0
Annelida	1150	106	9.2
Tardigrada	61	1	1.6
Crustacea	?	190	?
Pycnogonida	58	10	17.2
Arachnida	6900	807	11.7
Insecta	75000	5071	6.8
Chilopoda	150	1	0.7
Diplopoda	350	26	7.4
Phoronida	6	0	0.0
Entoprocta	9	0	0.0
Bryozoa	284	11	3.9
Brachiopoda	2	0	0.0
Echinodermata	329	2	0.6
Hemichordata	7	0	0.0
Urochordata	146	1	0.7
Cephalochordata	2	1	50.0
Chondrichthyes	150	2	1.3
Osteichthyes	2657	330	12.4
Amphibia	517	115	22.2
Reptilia	468	63	13.5
Aves	1677	10	0.6
Mammalia	524	10	3.4
Total	95853[a]	7320	7,63[a]

[a] Total e percentual total: somas dos grupos em que constam estimativas de espécies conhecidas no Brasil.

Tabela 20. Número de táxons cujas famílias foram consideradas bem estabelecidas, por grupo. NR = Não respondido. Fonte: questionários.

Grupo	NR	Sim	Não	Total
Orgs. água doce	2	14	14	30
Invs. marinhos	5	22	8	35
Invs. terrestres	4	8	5	17
Microrganismos	10	1	0	11
Plantas	5	6	4	15
Vertebrados	2	8	0	10
Total	28	59	31	118

Tabela 21. Número de táxons cujos gêneros foram considerados bem estabelecidos, por grupo. NR = Não respondido. Fonte: questionários. Ver também Figura 15.

Grupo	NR	Sim	Não	Total
Orgs. água doce	4	9	17	30
Invs. marinhos	7	17	11	35
Invs. terrestres	3	1	13	17
Microrganismos	6	0	5	11
Plantas	1	2	12	15
Vertebrados	3	3	4	10
Total	24	32	62	118

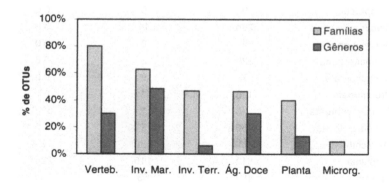

Figura 15. Percentual das unidades taxonômicas de cada grupo cujas famílias e gêneros foram considerados bem estabelecidos. Fonte: questionários. Ver também Tabela 21.

Tabela 22. Número de táxons cuja identificação foi considerada viável até espécie, gênero, ou apenas até níveis taxonômicos acima de gênero ("supragen."). Fonte: questionários. Ver também Figura 16.

Grupo	Supragen.	Gênero	Espécie	Total
Orgs. água doce	10	9	11	30
Invs. marinhos	13	12	10	35
Invs. terrestres	4	12	1	17
Microrganismos	6	2	3	11
Plantas	3	6	6	15
Vertebrados	1	4	4	9
Total	37	45	34	117

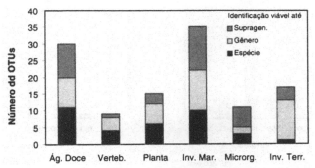

Figura 16. Número de unidades taxonômicas em cada grupo, e sua viabilidade de identificação por não especialistas até espécie, gênero, ou categoria acima de gênero ("supragen."). Fonte: questionários. Ver também Tabela 22.

Para uma avaliação do esforço necessário para coletar e descrever a fração ainda desconhecida da biodiversidade brasileira, é preciso também considerar que esse esforço aumenta com o passar do tempo, pois as espécies mais conspícuas e familiares são as primeiras a serem encontradas e descritas (Gaston, 1991). Por exemplo, três quartos dos mamíferos brasileiros e 60% dos peixes do Pantanal foram descritos até o fim do século XIX (Figura 17 A-B), enquanto a maioria das espécies de grupos menos evidentes e de menor interesse econômico foram descritas no século XX (Figura 17 C-F). Mesmo nos grupos melhor conhecidos, há uma clara tendência a descrever primeiramente as espécies maiores (Figura 18). Embora os dois casos

63

ilustrativos apresentados sejam de vertebrados, a mesma tendência existe em outros grupos de animais mais estudados. Entretanto, há que se ressalvar que, em biomas ou grandes regiões pouco estudadas, existem espécies inéditas de todas as classes de tamanho.

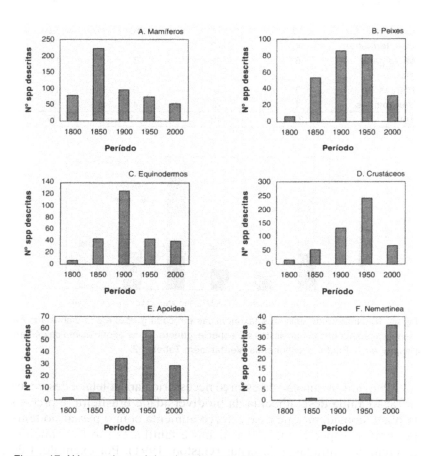

Figura 17. Número de espécies descritas nos últimos dois séculos em períodos de 50 anos (os eixos indicam o ano do final do período) para: (**A**) Mamíferos brasileiros (dados de Fonseca et al., 1996); (**B**) Peixes da planície do Pantanal (Britski et al., 1999); (**C**) Equinodermos brasileiros (Tommasi, 1999); (**D**) Apoidea do estado de São Paulo (Pedro e Camargo, 1999); (**E**) Microcrustáceos de água doce do estado de São Paulo (Rocha e Güntzel, 1999; Matsumura-Tundisi e Silva, 1999; Rocha, 1999); (**F**) Nemertíneos do Brasil (Santos, 1999).

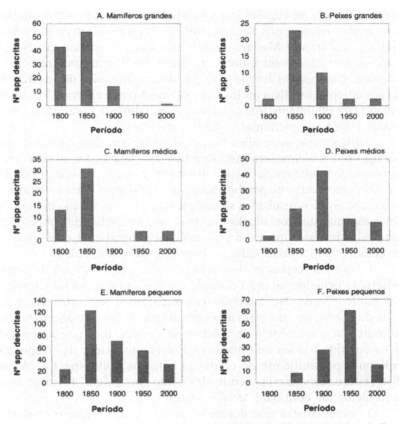

Figura 18. Número de espécies descritas por períodos de 50 anos (os eixos indicam o ano do final do período) para: **A, C, E:** mamíferos grandes (acima de 2 kg), médios (entre 2 kg e 450 g) e pequenos (abaixo de 450 g), respectivamente (a partir dos dados de Fonseca *et al.*, 1996); **B, D, F:** Peixes da planície do Pantanal grandes (acima de 30 cm de comprimento), médios (entre 10 e 30 cm), e pequenos (abaixo de 10 cm), respectivamente (dados de Britski *et al.*, 1999).

COLETA E CONHECIMENTO DE DIFERENTES BIOMAS E ECOSSISTEMAS

A distribuição das coletas acumuladas em coleções científicas é extremamente irregular. Como é de se esperar, a maior parte dos acervos advém de regiões mais habitadas e desenvolvidas; em determinadas rotas e nos seus pontos tradicionais de parada (como Belém, Santarém e Manaus); em locais que ofereceram condições especiais de acesso ou estada; em áreas de especial beleza cênica (Itatiaia, Campos do Jordão); ou, mesmo localidades de residência de um único naturalista muito ativo (como Nova Teutônia, SC, onde viveu Fritz Plaumann, que coletou comercialmente para instituições e colecionadores particulares durante décadas).

A distribuição geográfica e ecológica dos organismos que constam em acervos brasileiros será bastante difícil de avaliar de forma abrangente, enquanto a catalogação informatizada das coleções mais importantes não for completada e disponibilizada. Aqui, utilizamos dois procedimentos distintos cujos resultados se complementam: a avaliação individual pelos especialistas consultados (nesta seção) e a análise de publicações indexadas recentes quanto à proveniência geográfica e ecológica de inventários bióticos realizados no Brasil (na próxima seção).

A taxa de respostas dos especialistas consultados foi baixa, refletindo principalmente a dificuldade de formular um julgamento, em muitos casos. No questionário, separamos *grau de coleta* de *grau de conhecimento*, para a eventualidade de que em algum grupo se indicasse a existência de coletas suficientes, mas que ainda não tivessem sido triadas ou estudadas. Entretanto, o teor das respostas indicou a possibilidade de confusão entre os dois aspectos. Além disto, como se esperaria, o enquadramento em "coleta" foi altamente correlacionado com o de "conhecimento".

Os especialistas que deram respostas indicam que o conhecimento da diversidade nos grandes biomas ainda é inadequado, para a maioria dos grupos de organismos e biomas. O *ranking* médio dos graus atribuídos à coleta e conhecimento da diversidade de todos os grupos em todos os biomas foi abaixo de regular (Tabela 23 e Tabela 24). Apenas plantas superiores na Mata Atlântica tiveram um grau médio "bom". De maneira geral, o bioma melhor conhecido e amostrado é a Mata Atlântica, e os piores são Pantanal e Caatinga, embora haja lacunas importantes de coleta e conhecimento em todos os outros biomas (Tabela 23 e Tabela 24).

Os grupos melhor conhecidos e amostrados são plantas superiores e vertebrados. Microrganismos são tidos como mal amostrados, ou sem amostragem importante, em todos os biomas, seguidos dos invertebrados terrestres e organismos de água doce (Tabela 23 e Tabela 24).

Conquanto esta avaliação seja limitada pela escala qualitativa adotada, o quadro geral que emerge é bastante consistente e confirma o que estudos anteriores apontaram: primeiro, a acentuada diferença de conhecimento entre plantas e vertebrados, por um lado, e os demais grupos de organismos, por outro; segundo, o fato indiscutível de que, dos grandes biomas brasileiros, a Caatinga ainda é a menos conhecida e que há lacunas substanciais de conhecimento em relação ao Cerrado e Pantanal.

O questionário do projeto também listou as regiões geopolíticas do Brasil para a mesma avaliação (graus de coleta ou conhecimento). As avaliações por região, quando feitas, tiveram ampla sobreposição com os graus atribuídos aos mesmos grupos nos biomas mais característicos de cada região: Amazônia para a Região Norte, Caatinga para o Nordeste, Pantanal e Cerrado no Centro-Oeste, Mata Atlântica no Sudeste e no Sul, no qual se acrescem os Campos.

Solicitamos, quando possível, informações enquadradas por tipo de ambiente, ecossistema, ou hábitat. Para organismos terrestres não houve um número aproveitável de respostas, mas para invertebrados marinhos, os especialistas forneceram dados suficientes para traçar um quadro geral (Tabela 25). De modo geral, os ambientes marinhos têm graus de coleta e conhecimento ruins, comparáveis aos dos biomas terrestres menos conhecidos e coletados (Tabela 25). Como salientaram os especialistas em invertebrados marinhos, a facilidade de acesso é o principal determinante do conhecimento da biota marinha. Este fato é atestado pelos níveis ordinais (*rankings*) mais elevados da coleta e conhecimento de ambientes rasos e/ou próximos da costa, como estuários, mangues, e região entremarés (Tabela 25).

Tabela 23. Valores médios dos graus de coleta (0 = nenhum, 1 = ruim, 2 = bom, 3 = excelente) atribuídos aos táxons de cada grupo, por bioma brasileiro. Valores que indicam coletas no mínimo razoáveis (acima de 1,50) são destacados em negrito. Fonte: questionários.

Grupo	Amazônia	Caatinga	Campos	Cerrado	M. Atlânt.	Pantanal	Geral
Orgs. água doce	1,20	0,57	1,29	1,00	1,38	0.93	1,06
Invs. terrestres	1,25	0,33	0,78	1,10	**1,67**	0,89	1,00
Microrganismos	1,00	0,25	0,25	0,50	1,00	0,25	0,54
Plantas	1,36	1,22	**1,89**	**1,83**	**2,00**	1,29	**1,60**
Vertebrados	1,00	1,20	1,20	1,00	**1,60**	1,20	1,20
Total	1,22	0,74	1,18	1,24	**1,65**	0,98	1,17

Tabela 24. Valores médios dos graus de conhecimento (mesma escala da Tabela 23) atribuídos aos táxons de cada grupo, por bioma brasileiro. Valores que indicam coletas no mínimo razoáveis (acima de 1,50) são destacados em negrito. Fonte: questionários.

Grupo	Amazônia	Caatinga	Campos	Cerrado	M. Atlânt.	Pantanal	Geral
Orgs. água doce	1,30	0,67	1,29	1,14	1,38	1,00	1,13
Invs. terrestres	1,25	0,33	0,89	1,20	**1,67**	1,00	1,06
Microrganismos	0,25	0,25	0,25	0,50	1,00	0,25	0,42
Plantas	1,36	1,11	**1,82**	1,39	**2,08**	1,27	**1,50**
Vertebrados	1,20	1,20	**1,80**	1,20	**1,80**	1,20	1,40
Total	1,20	0,73	1,31	1,20	**1,69**	1,03	1,19

Tabela 25. Valores médios dos graus de conhecimento (mesma escala da Tabela 23) atribuídos aos táxons de invertebrados marinhos, por hábitat ou ambiente marinho. Fonte: questionários.

Hábitat/Ambiente	Grau de coleta	Grau de conhecimento
Região entremarés - substrato inconsolidado	1,35	1,24
Estuários	1,28	1,17
Região entremarés - substrato consolidado	1,26	1,11
Manguezal	1,16	1,05
Plataforma continental	1,08	1,00
Infralitoral - substrato inconsolidado	1,00	0,87
Recife de coral	1,00	0,9
Infralitoral - substrato consolidado	0,96	0,87
Ilhas continentais	0,95	0,95
Pelágico nerítico	0,94	1,00
Pelágico oceânico	0,88	0,69
Marisma	0,77	0,77
Ilhas oceânicas	0,74	0,74
Talude continental	0,65	0,61
Geral	1,00	0,92

INVENTÁRIOS DE DIVERSIDADE

Examinamos anteriormente o perfil do conhecimento de diferentes táxons e biomas, com base nas informações e julgamento dos especialistas que prestaram informações ao presente estudo. Para complementar este quadro, avaliamos também os inventários de diferentes táxons realizados no Brasil. Para esta finalidade, as indicações retornadas por meio dos formulários mostraram-se bastante desiguais. Supomos que isto foi determinado pelo tempo que cada especialista pôde alocar a esta tarefa e pela disponibilidade de listagens bibliográficas pré-compiladas.

Para evitar comparações distorcidas devido a tais desigualdades de informação, avaliamos os inventários de biodiversidade brasileira com base nas publicações referidas em índices internacionais. Baseamo-nos principalmente no Zoological Record e no Aquatic Sciences & Fisheries Abstracts, recorrendo a outras fontes adicionais (v. Tabela 6).

Inventários de diferentes táxons

Identificamos 535 trabalhos contendo inventários de grupos de animais metazoários ou de protozoários (Tabela 27) realizados no Brasil, publicados num período de 15 anos (cerca de 1985 a início de 1999; a imprecisão de limitação do período considerado se deve à defasagem entre as datas de publicação e sua indexação no Zoological Record). Um terço destes trabalhos enfoca táxons vertebrados (Figura 19) e dois terços se referem a invertebrados (Figura 20).

Entre os vertebrados, há uma forte concentração de inventários de aves e mamíferos, que somam 80% dos trabalhos publicados (Figura 19 e Tabela 26). Os demais 20% abrangem inventários de répteis, anfíbios e peixes (especialmente os teleósteos), grupos cujas taxas recentes de descrição de novas espécies são muito superiores às de aves e mamíferos (Tabela 19) e que, presumivelmente, são bem menos conhecidos do que estas duas classes. Entende-se que inventários não se destinam exclusivamente a coletar espécies inéditas – o reconhecimento de faunas, floras e microbiotas locais e regionais é uma tarefa igualmente essencial. Entretanto, é claro que a perspectiva do reconhecimento completo da fauna vertebrada brasileira será mais lenta exatamente nos grupos ainda menos conhecidos, na medida em que o esforço de inventários justamente nestes grupos é restrito e presumivelmente insuficiente.

O quadro dos estudos de invertebrados é mais complexo (Figura 20 e Tabela 26). Como podemos presumir que os grupos de invertebrados, de modo geral, contêm grandes contingentes de espécies, não só inéditas, mas nunca coletadas ou mal representadas em coleções, o número de inventários publicados é um indicador aproximado do esforço de detecção de novas espécies. Do total de 357 publicações consideradas, 70% se concentram em Arthropoda e, destes, quase 90% enfocam Insecta (Tabela 26). Isto sinaliza um esforço relativamente tímido nos demais Arthropoda, com exceção de Crustacea (6% dos inventários publicados no filo). Os Arachnida, ao todo, correspondem a outros 6% do total de inventários de Arthropoda publicados; destacam-se as aranhas, nas quais se nota uma tendência recente de aumento, e os ácaros, cujos inventários são quase todos dirigidos a grupos de interesse médico-veterinário ou fitopatogênico. A vasta fauna de ácaros de solo, portanto, continua atualmente sem a devida atenção.

Entre os insetos, quase 80% dos inventários publicados enfocam as quatro maiores ordens: Coleoptera, Diptera, Hymenoptera e Lepidoptera (Figura 20). Do número desproporcionalmente alto de inventários de dípteros a maioria, como é de se supor, é dirigida para grupos de importância médico-veterinária ou de pragas agrícolas. Portanto, também nos insetos, o esforço recente de inventariação não reflete diretamente o pleno potencial de aproveitamento dos estudos de diferentes grupos.

Três grupos se destacam entre os demais invertebrados (Figura 20) mas, destes, somente os moluscos têm sido inventariados de forma mais abrangente. Quanto aos nematódeos e protozoários, a grande maioria dos estudos é novamente voltada para as espécies zooparasitas ou fitoparasitas, com pouca ou nenhuma atenção aos grandes táxons de vida livre, no solo ou na água.

A base de referências do Aquatic Sciences & Fisheries Abstracts, para um período recente mais curto, confirma de modo geral as tendências apontadas acima, para organismos marinhos (Figura 21); aqui, foram também computados estudos referentes à Região Atlântica Sudoeste, mesmo sem citar explicitamente material brasileiro, pela sua relevância direta para o conhecimento da biota marinha do Brasil. Neste conjunto de publicações, os crustáceos ascendem a segundo grupo mais inventariado; a diferença em relação ao Zoological Record (Figura 20) pode ser devida ao menor período considerado, aos universos distintos de publicações abrangidas e/ou à inclusão de publicações da Região Atlântica Sudoeste.

Outros táxons com maior esforço de inventariação em ambientes marinhos, além dos já destacados anteriormente, incluem Cnidaria, Porifera e Annelida (estes, quase todos enfocando Polychaeta).

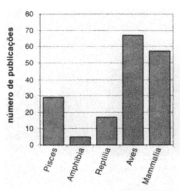

Figura 19. Números de inventários de vertebrados realizados no Brasil, publicados de 1985 a início de 1999, conforme o Zoological Record (ver Tabela 26 para detalhes). Foram consideradas 175 publicações. Inventários de "Peixes" incluem de uma a três das classes em que o grupo é hoje subdividido, além de alguns estudos sobre ictiofaunas fósseis.

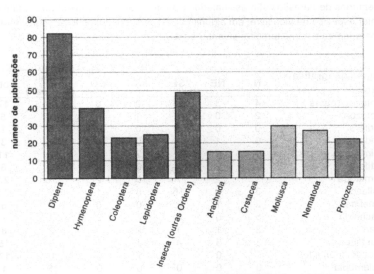

Figura 20. Principais grupos de invertebrados com inventários realizados no Brasil, publicados de 1985 a início de 1999, conforme o Zoological Record (ver Tabela 26 para detalhes). Total de publicações consideradas: 357 (o gráfico exclui 29 publicações referentes a outros grupos de invertebrados).

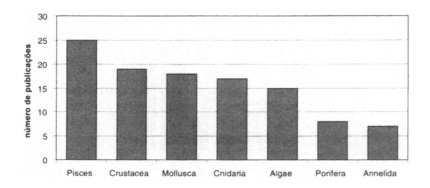

Figura 21. Principais táxons investigados em inventários marinhos recentes, com o número de publicações referidas ao Brasil ou à Região Sudoeste do Oceano Atlântico, aproximadamente de 1996 a 1999. Fonte: Aquatic Sciences & Fisheries Abstracts (01/1 997 a 09/1999). Total de publicações: 109 (excluídas 18 referentes a outros táxons).

Tabela 26. Inventários de animais no Brasil, por região geográfica. Fonte: Zoological Record, vols. 122 a 135 (publicados aproximadamente entre 1985 e o início de 1999). Inventários de parasitos são assinalados ("paras."), embora o táxon possa também conter espécies de vida livre; em alguns casos, os hospedeiros foram considerados separadamente como também inventariados.

Região geográfica > táxon	N	NE	SE	S	CO	Brasil (não def.)	Total
Protozoa (paras.)	4	3	7	0	0	3	17
Protozoa	2	0	2	1	0	0	5
Porifera	0	0	1	0	0	0	1
Cnidaria	0	1	2	0	0	0	3
Helminthes (paras.)	1	0	7	2	0	1	11
Rotifera	3	2	1	0	2	0	8
Nematoda	1	2	7	5	2	10	27
Mollusca	3	1	15	5	1	5	30
Annelida	2	1	2	0	0	0	5
Arachnida	5	0	0	1	0	1	7
Acari	2	1	1	2	0	2	8
Crustacea	3	3	4	1	1	3	15
Insecta indefinido	3	0	7	7	0	0	17
Collembola	0	0	0	0	0	1	1
Odonata	1	0	2	0	0	0	3
Orthoptera	1	0	1	0	0	0	2

Região geográfica > táxon	N	NE	SE	S	CO	Brasil (não def.)	Total
Isoptera	1	0	0	0	1	1	3
Dermaptera	0	0	0	0	0	1	1
Mallophaga (paras.)	1	0	0	0	0	0	1
Thysanoptera	0	0	1	1	0	0	2
Hemiptera (inc. Homoptera)	3	0	4	5	2	3	17
Coleoptera	3	0	4	11	2	3	23
Trichoptera	1	0	0	0	1	0	2
Lepidoptera	2	2	10	3	0	8	25
Díptera	21	7	34	10	3	7	82
Hymenoptera	5	4	20	6	2	3	40
Echinodermata	0	0	1	0	0	0	1
Vertebrata indefinido	0	0	2	1	0	0	3
Pisces	7	4	5	6	1	6	29
Amphibia	2	0	2	1	0	0	5
Reptilia	7	0	2	3	3	2	17
Aves	14	9	21	12	4	7	67
Mammalia	4	5	8	3	3	1	24
Rodentia	0	0	0	1	0	1	2
Carnivora	0	0	0	0	1	0	1
Chiroptera	0	0	8	1	2	1	12
Primates	4	2	3	3	0	6	18
Total	**106**	**47**	**184**	**91**	**31**	**76**	**535**

Tabela 27. Inventários de animais no Brasil, nos diferentes biomas ou em ecossistemas específicos, relacionados no Zoological Record. Ver Tabela 26 para detalhes sobre os dados. Os totais entre as duas tabelas diferem porque há publicações que só puderam ser enquadradas em uma delas.

Bioma/ ecossistema> táxon	Mar	Mangue	Ilhas marinhas	Restinga/Praia	Água Doce	Pinheiral	Floresta Amazônica	Mata Atlântica	Caatinga	Cerrado	Pantanal	Campos de Altitudes	Agroecossistemas	Ecossistemas urbanos	Total
Protozoa (paras.)	0	0	0	0	0	0	4	2	0	1	0	0	3	5	15
Protozoa	0	0	0	0	0	0	2	0	0	0	0	1	0	0	3
Bentos indefinido	0	0	0	0	3	0	0	0	0	0	0	0	0	0	3
Plâncton indefinido	1	0	0	0	2	0	0	0	0	0	0	0	0	0	3
Porifera	0	0	0	0	0	0	0	0	1	0	0	0	0	0	1
Cnidaria	3	0	0	0	0	0	0	3	0	0	0	0	0	0	3

táxon	Mar	Mangue	Ilhas marinhas	Restinga/Praia	Água Doce	Pinheiral	Floresta Amazônica	Mata Atlântica	Caatinga	Cerrado	Pantanal	Campos de Altitudes	Agroecossistemas	Ecossistemas urbanos	Total
Helminthes[a] (paras.)	0	0	0	0	2	0	1	0	0	0	0	0	1	4	8
Rotifera	1	0	0	0	2	0	3	0	0	0	2	0	1	0	9
Nematoda[b]	0	0	0	0	1	0	1	0	0	0	0	0	11	1	14
Mollusca	10	1	0	0	7	0	3	1	0	0	1	0	0	2	25
Annelida	0	1	1	0	0	0	2	0	0	0	0	0	0	0	4
Arachnida	0	0	0	0	1	0	4	0	0	0	0	0	0	1	6
Acari	0	0	1	0	0	0	2	0	0	0	0	0	3	2	8
Crustacea	4	2	0	0	1	0	3	0	0	0	1	0	0	0	11
Insecta indefinido	0	0	0	0	0	0	3	1	0	0	0	0	4	0	8
Odonata	0	0	0	1	0	0	1	0	0	0	0	0	0	1	3
Orthoptera	0	0	0	0	0	0	1	0	0	0	0	0	0	0	1
Isoptera	0	0	0	0	0	0	1	0	0	0	0	0	1	0	2
Dermaptera	0	0	0	0	0	0	0	0	0	0	0	0	0	0	0
Mallophaga (paras.)	0	0	0	0	0	0	1	0	0	0	0	0	0	0	1
Thysanoptera	0	0	0	0	0	0	0	0	0	0	0	0	1	1	2
Hemiptera	0	0	0	0	0	0	3	0	0	1	0	0	8	1	13
Coleoptera	0	0	0	0	0	0	3	1	0	2	0	0	6	2	14
Trichoptera	0	0	0	0	0	0	1	0	0	0	0	0	0	0	1
Lepidoptera	0	0	1	0	0	0	2	1	0	0	0	0	12	0	16
Diptera	0	0	0	1	0	0	21	7	1	3	0	1	8	25	67
Hymenoptera	0	0	0	2	0	0	6	5	0	5	0	0	11	1	30
Echinodermata	1	0	0	0	0	0	0	0	0	0	0	0	0	0	1
Vertebrata indefinido	0	0	1	0	0	0	0	2	0	0	0	0	0	0	3
Pisces	6	2	0	0	6	0	6	3	0	0	0	0	1	0	24
Amphibia	0	0	0	0	1	0	2	1	0	0	0	0	2	1	7
Reptilia	0	0	1	0	0	0	6	2	0	3	0	0	0	0	12
Aves	0	1	1	2	0	0	13	13	1	2	0	0	0	7	40
Mammalia	0	0	0	0	0	1	4	8	0	3	1	0	3	0	20
Carnivora	0	0	0	0	0	0	0	0	0	0	1	0	0	0	1
Chiroptera	0	0	0	0	0	0	0	2	0	0	0	0	0	4	6
Primates	0	0	0	0	0	1	4	5	0	0	0	0	0	0	10
Total	26	7	6	6	26	2	103	54	3	17	9	2	76	58	395

a. Helminthes são, na maioria. Platyhelminthes parasitos, mas alguns estudos incluem Nematoda.
b. Nematoda não incluiu nenhum inventário de espécies de vida livre, de solo ou aquáticas; os estudos compreendem fitoparasitos (quase sempre de culturas) e zooparasitos e/ou parasitos humanos.

Repartição geográfica dos inventários

A distribuição geográfica dos inventários faunísticos publicados reflete as tendências regionais apontadas em outras seções deste estudo. Note-se, a propósito, que a concentração de pesquisadores e instituições nas regiões Sudeste e Sul não obriga a uma mesma concentração dos estudos realizados. Muitos especialistas atuam em diversas regiões, quando não em todo o país ou fora dele; as maiores coleções têm também âmbito nacional, não se restringindo à região onde estão sediadas.

Ainda assim, as diferenças inter-regionais são marcantes (Figura 22; Tabela 26): 60% dos inventários publicados concentram-se nas regiões Sudeste e Sul, onde também estão a maioria dos pesquisadores e das instituições. A exceção a destacar é a Região Norte, enfocada por 1/4 dos inventários, em decorrência do grande interesse pela Amazônia de muitos pesquisadores de todo o Brasil e, mais ainda, no exterior. Em comparação com o restante do Brasil, a escassez de inventário no Nordeste e Centro-Oeste mostra-se especialmente dramática (Figura 22).

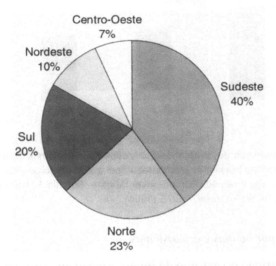

Figura 22. Número de inventários faunísticos realizados no período 1985-1999 em diferentes regiões geográficas do Brasil, referidos no Zoological Record. Veja detalhes sobre os dados na Tabela 26. Total de estudos = 465 (excluídos aqueles sem âmbito regional definido).

A repartição geográfica dos inventários marinhos reforça a prevalência de estudos realizados nas regiões Sul e Sudeste, com 2/3 do total de publicações arroladas (Figura 23). Quando confrontamos a proporção de inventários publicados para cada região com a extensão relativa de seu litoral, a carência de estudos no Nordeste é muito clara.

75

Pela sua grande extensão litorânea, o Nordeste comportaria ao menos quatro vezes mais inventários do que os que recentemente vêm sendo publicados, em comparação com as demais regiões (Figura 23).

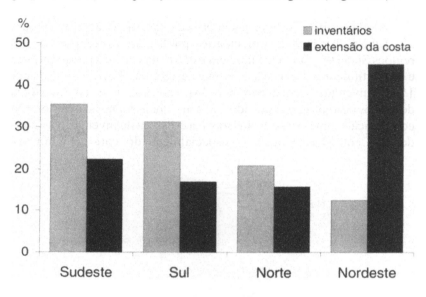

Figura 23. Repartição de inventários publicados de organismos marinhos entre as regiões geográficas brasileiras, comparada com a proporção da extensão de litoral pertencente a cada região. Fontes: inventários – Aquatic Sciences & Fisheries Abstracts (1/97 – 9/99); litoral – IBGE (1994).

Inventários por biomas e ecossistemas

A repartição do esforço de inventariação em diferentes biomas é mais difícil de ser avaliada. Examinamos o conjunto de publicações no Zoological Record de 1985 a 1999 (Tabela 27; Figura 24). Estes trabalhos foram grupados pelos biomas brasileiros, usando a classificação do IBGE, na versão simplificada de Rizzini *et al.* (1988). Destacamos, entretanto, ecossistemas distintos, notadamente os aquáticos e os modificados por ocupação humana (agroecossistemas e áreas urbanas). Os resultados são resumidos na Figura 24.

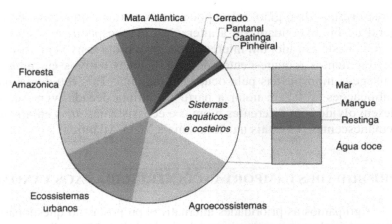

Figura 24. Número de inventários realizados no período 1985-1999 em diferentes biomas ou ecossistemas do Brasil, referidos no Zoological Record. Veja detalhes sobre os dados na Tabela 27. Total de estudos: 395 (excluídos aqueles sem bioma ou ecossistema definido). "Pinheiral" inclui campos de altitude. Em "restinga" (que inclui ilhas marinhas) e mangue, não foram separados inventários de organismos terrestres dos aquáticos – muitos estudos abrangem ambos, e diversos organismos têm fases de vida nos dois ambientes.

Metade dos inventários publicados foi realizada em áreas íntegras ou remanescentes de biomas terrestres e destes a maioria se concentra nos biomas da Floresta Amazônia e Mata Atlântica. Novamente constatamos a carência de estudos no Nordeste e Centro-Oeste, agora refletida na extrema escassez de inventários nos biomas de Caatinga. Cerrado e Pantanal (Figura 24).

Nos ecossistemas aquáticos, torna-se muito difícil separar por completo organismos de vida aquática dos terrestres; muitos estudos de interfaces terra-água podem incluir ambos. O número de estudos publicados e certamente pequeno para todos os ecossistemas, mas preocupa-nos especialmente a escassez de inventários em restingas e manguezais, dada a velocidade com que estes ecossistemas vêm sendo destrutivamente ocupados ou sofrendo forte interferência.

Destaca-se ainda a elevada proporção de inventários em ecossistemas modificados pelo uso humano, cerca de 1/3 do total de publicações. Estes, por sua vez, focalizam principalmente os táxons de importância médico-veterinaria ou agrícola, em particular pragas ou vetores de patógenos. Assim, nos ecossistemas criados por atividade humana, faltam inventários da maioria dos táxons que compõem a biota original da região, e que poderia ser analisada quanto à perda geral de biodiversidade ou a alterações mais específicas. Nota-se porém, neste sentido, um interesse recente e progressivo em estudos de fragmentos remanescentes de ecossistemas nativos em meio a paisagens modificadas pela ocupação humana. Tais estudos, cujas publicações se fazem notar a partir da última década, vêm sendo desenvolvidos em diferentes biomas e ecossistemas, mas enfatizam remanescentes florestais na Amazônia e Mata Atlântica.

PRIORIDADES E IMPORTÂNCIA ATRIBUÍDAS AOS TÁXONS

Agrupamos as prioridades alternativas propostas no questionário aos pesquisadores em quatro itens principais (Tabela 28): melhoramento de coleções e bibliografia associada; formação de pesquisadores especializados; contratação de pesquisadores ou contratação de técnicos. As alternativas não são exclusivas entre si; cerca de duas das opções foram indicadas, em média, para cada unidade taxonômica para a qual obtivemos resposta. Todas as ações foram recomendadas para pelo menos 20% dos táxons de cada grupo. A frequência de destaque destas prioridades em cada um dos grupos considerados pode ser observada na Figura 25.

A prioridade mais indicada para melhorar o conhecimento dos táxons foi a melhoria de coleções e bibliotecas; esta foi a prioridade mais frequente em todos os grupos (exceto em invertebrados marinhos, por uma pequena margem). A capacitação de profissionais especializados foi a próxima prioridade mais indicada, exceto em vertebrados, em que foi superada pela contratação de pesquisadores e técnicos (Tabela 28).

Tabela 28. Frequência de indicação de ações prioritárias para ampliar o conhecimento sobre diversidade. Como mais de uma ação pôde ser indicada por táxon, o número total de indicações é cerca do dobro do total de táxons para os quais foi dada resposta neste item.

Grupo	Melhoria de Coleções e Documentação	Capacitação de Pessoal	Contratação de Pesquisadores	Contratação de Técnicos	Total Indicações	Total Táxons
Orgs. água doce	19	15	8	19	61	29
Invs. marinhos	23	26	11	12	72	34
Invs. terrestres	12	10	7	7	36	13
Microrganismos	3	2	1	1	7	5
Plantas	10	5	4	9	28	14
Vertebrados	5	2	4	5	16	7
Total	72	60	35	53	220	102

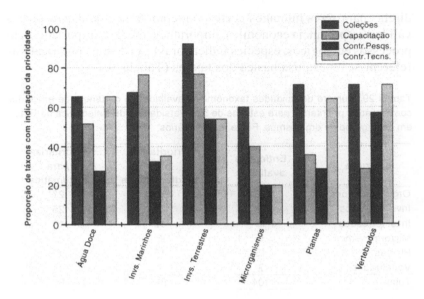

Figura 25. Frequência de indicação de principais prioridades para os táxons de cada um dos grupos considerados. Valores mais altos significam que uma prioridade foi indicada para a maioria dos táxons, pelos respectivos especialistas consultados; não é, portanto, uma medida de importância das diferentes ações indicadas.

Um resultado até certo ponto inesperado foi a relativamente baixa indicação da contratação de pesquisadores como necessidade prioritária (Figura 25). Na avaliação dos informadores do projeto, e mais frequente a necessidade de contratar pessoal técnico, para manutenção e organização das coleções. Entendemos que isto não significa que os especialistas consultados consideram geralmente suficiente o quadro de pesquisadores especializados, mas que estão ressaltando uma crise maior de falta de infraestrutura e suporte técnico para o funcionamento das coleções biológicas.

Virtualmente todos os táxons informados foram considerados prioritários para estudos de diversidade (Tabela 29), embora a necessidade de tais estudos não tenha sido justificada para 38% deles (Tabela 30). As justificativas mais frequentes foram a falta de conhecimento da diversidade e/ou biogeografia do grupo no Brasil e sua importância econômica (Tabela 30). Justificativas baseadas em consequências diretas para seres humanos corresponderam à metade das respostas válidas (importância econômica, importância médica, importância em processos ecológicos, espécies indicadoras). As demais justificativas referem-se à pesquisa básica dos táxons (Tabela 30).

Tabela 29. Número de unidades taxonômicas avaliadas, e o número de entidades consideradas prioritárias para estudos de biodiversidade e de sistemática no Brasil, em cada grupo de organismos. Fonte: questionários.

Grupo	Entidades avaliadas	Prioritárias para biodiversidade	Prioritárias para sistemática
Orgs. água doce	29	28	27
Invs. marinhos	33	33	25
Invs. terrestres	15	15	15
Microrganismos	5	5	5
Plantas	15	15	12
Vertebrados	7	7	5
Total	104	103	89

Tabela 30. Justificativas para priorizar estudos de biodiversidade das unidades taxonômicas avaliadas, ordenadas pela frequência com que cada tipo de justificativa foi apresentada. Fonte: questionários*.

Classe de justificativa	Número de entidades
Justificativa não fornecida	39
Conhecimento de biodiversidade e biogeografia muito deficientes	21
Importância econômica	20
Espécies indicadoras de impactos/modificações de ecossistemas	13
Importância em processos ecológicos	12
Endemismos	6
Grupo megadiverso ou muito diversificado	6
Importância para estudos teóricos	5
Grupo muito diversificado no Brasil	4
Importância médica	2
Espécies vulneráveis/ameaçadas	1
Total de justificativas	129
Número de unidades taxonômicas	103

* No questionário, o campo para essas justificativas é de resposta não estimulada (ver Apêndice 1, item 8 da Ficha 2 do questionário). As classes de justificativa dessa tabela foram estabelecidas a posteriori, para resumir a grande diversidade de respostas obtidas.

A maior parte dos táxons informados (85%) também foi considerada prioritária para estudos sistemáticos (Tabela 29), embora para 30% dos táxons essa prioridade não tenha sido justificada (Tabela 31). A justificativa mais frequente (34%) foi a falta de conhecimento das espécies que ocorrem no Brasil e sua distribuição (Tabela 31). Grupos de organismos nessa situação, e que possuem grande importância por sua diversidade, abundância, ou papel ecológico somam outros 19% das justificativas fornecidas (Tabela 31). Assim, o principal objetivo de estudos sistemáticos ainda parece ser o inventario e descrição das espécies existentes no Brasil, indicando o pequeno grau de conhecimento que temos hoje de nossa biodiversidade.

Tabela 31. Tipos de justificativas dos informadores para a prioridade em estudos de sistemática dada as unidades taxonômicas, ordenadas pelo número de entidades para as quais cada justificativa foi usada. Fonte: questionários[*].

Classe de justificativa	Número de entidades
Justificativa não fornecida	27
Grupo de composição desconhecida no Brasil, requer inventários e/ou muitas descrições	27
Necessidade de revisões	16
Grupo mal conhecido, mas diverso, abundante, ou ecologicamente importante	15
Grupo favorável para estudo de processos biogeográficos e evolutivos	9
Filogenia mal conhecida	5
Falta de chaves/guias	4
Boas equipes de pesquisa ativas no grupo	2
Biogeografia mal conhecida	1
Total de Justificativas	79
N° de unidades taxonômicas	89

* No questionário, o campo para essas justificativas é de resposta não estimulada (ver Apêndice 1, item 8 da Ficha 2 do questionário). As classes de justificativa dessa tabela foram criadas a posteriori, para resumir a grande diversidade de respostas obtidas.

Na avaliação da importância dos táxons, o item mais citado foi "relevância para pesquisa básica" (83% das unidades taxonômicas informadas). Isso não quer dizer que a importância aplicada dos táxons tenha sido menosprezada pelos informadores. Foram reconhecidos táxons para todas as 17 categorias de importância relacionadas no questionário, e ainda foram propostas outras 15 novas categorias (Tabela 32). De todas estas, apenas três podem ser classificadas como "não aplicadas" (pesquisa básica, espécies raras ou em extinção, biologia e/ ou ecologia singulares), embora possam ter valor prático a longo prazo (Tabela 32).

Para nenhum grupo de organismos foram reconhecidos táxons em todas as categorias de importância propostas no questionário, uma consequência esperada, dadas as singularidades nos modos de vida de cada um desses grupos. Por esta mesma razão, as categorias de importância mais indicadas variaram muito entre grupos (Tabela 32). Algumas diferenças, todavia, podem ter ocorrido por desconhecimento ou mesmo conceitos preestabelecidos, como o pequeno percentual de táxons de invertebrados terrestres e marinhos que presumivelmente contêm espécies ameaçadas ou em extinção (7% e 12%, respectivamente, contra 53% em plantas e 100% em vertebrados), ou de táxons de plantas com espécies de interesse em educação ambiental (7%) (Tabela 32). O elevado número de indicações de importância nos vertebrados (8,2 indicações por táxon, Tabela 32) também pode ser atribuído ao melhor conhecimento deste grupo.

Tabela 32. Importância dos táxons: categorias de importâncias reconhecidas e o percentual de unidades taxonômicas ("OTUs") de cada grupo de organismos em cada categoria. Para melhor visualização, as categorias de importância para as quais foram indicadas 0-20%, 20-49% e 50% ou mais das entidades do grupo estão em fundo branco, cinza, e cinza-escuro, respectivamente. As categorias de importância em negrito são as alternativas fornecidas no questionário, e as categorias em itálico são as acrescentadas pelos informadores nos itens de resposta livre. A penúltima linha indica o número de unidades taxonômicas informadas, e a última linha a proporção de categorias de importância reconhecidas em relação ao número de entidades, para cada grupo de organismos. Fonte: questionários.

Importância	Total	Ág. Doce	Inv. Mar.	Inv. Terr.	Microrg.	Planta	Verteb.
pesquisa básica	83	86	82	93	80	60	100
indicador impacto	46	52	58	27	40	27	50
mapeamento áreas manejo	44	41	30	60	80	33	83
ident. prod. fármacos	32	17	27	27	80	53	50
fonte alimento	30	48	27	7	20	13	67
espécies raras ou em extinção	23	17	12	7	0	53	100
interesse educação ambiental	19	24	15	13	0	7	83
parasitos/predadores de pragas	19	17	6	47	20	7	67
espécies peçonhentas	17	0	21	33	20	13	50
interesse ecoturismo	17	21	21	0	0	7	50
pragas agroflorestais	17	3	3	47	20	40	33
parasitos animais	12	17	24	7	20	0	0
vetores patógenos humanos	12	17	12	7	20	0	17
colecionismo/ornamentais	10	0	3	7	0	47	17
aquicultura	8	14	12	0	0	0	0
vetores patógenos culturas	7	10	3	13	20	0	0
vetores patógenos animais	6	14	3	7	0	0	0
grupo-chave em redes tróficas	4	0	6	0	20	0	17
polinizadores	4	0	0	13	0	0	33
parasitos humanos	3	3	3	0	20	0	0
processos bioquímicos industriais	3	0	0	0	60	0	0
alergias	2	3	0	7	0	0	0
danos a estruturas e construções	2	0	6	0	0	0	0
manutenção e recomposição de ambientes/paisagens	2	0	0	0	0	13	0
pragas não agrícolas	2	0	0	13	0	0	0
processos agroflorestais	2	0	0	7	20	0	0
uso em biotecnologia	2	3	3	0	0	0	0
biologia/ecologia singulares	1	3	0	0	0	0	0
controle biológico	1	0	3	0	0	0	0
espécies invasoras/introduzidas	1	0	0	7	0	0	0
produção substância tóxicas	1	3	0	0	0	0	0
ração animais	1	0	3	0	0	0	0
Total de OTUs	103	29	33	15	5	15	6
Taxa nº de indicações/OTU	4.31	4.07	3.85	4.47	5.40	3.73	8.17

DIVERSIDADE GENÉTICA

A diversidade genética foi examinada em estudo próprio dirigido a geneticistas, mas além disto o questionário encaminhado a todos os taxonomistas incluía uma seção sobre diversidade genética (v. Anexo 1), uma versão resumida do questionário distribuído aos geneticistas. O retorno de informações por não geneticistas foi muito baixo, o que em si já é um indicador sugestivo do distanciamento entre taxonomistas e geneticistas.

A genética brasileira foi pioneira de modernização e estruturação na biologia (Ferri e Motoyama, 1979-81). Hoje, continua sendo uma das áreas maiores e mais vigorosas da pesquisa biológica brasileira, porém com objetivos muito definidos, nos quais o conhecimento abrangente da diversidade figura quase que marginalmente. Tanto ou mais que nos outros campos relacionados com a biodiversidade, na Genética as instituições e pesquisadores estão fortemente concentrados nas regiões Sudeste e Sul do país.

O levantamento realizado para este estudo mostrou que poucos pesquisadores e instituições realizam pesquisa sobre diversidade genética de espécies nativas que não sejam economicamente importantes. Os grupos ativos diferenciam-se também pela metodologia empregada: em um conjunto de trabalhos recentes, apenas 6% empregaram técnicas de hibridização *in situ*, ou cromossomos politênicos, enquanto 36% basearam-se em cariótipos simples ou na contagem de cromossomos. Portanto, poucos pesquisadores vêm empregando métodos moleculares para investigar diversidade genética de táxons nativos e estes têm se concentrado em elucidar relações filogenéticas entre espécies ou táxons superiores. Há muito poucos estudos de variação e diferenciação populacional intraespecífica, um tema da maior importância para o campo da biodiversidade e suas aplicações ao manejo, conservação e utilização sustentável.

Nota-se também que os pesquisadores e laboratórios tendem a concentrar-se em determinados táxons. Há estudos em todas as classes de vertebrados, porém restritos a poucas famílias ou gêneros. Entre insetos, as pesquisas concentram-se especialmente em dípteros, himenópteros e lepidópteros; nos demais invertebrados, praticamente só há estudos em moluscos e em helmintos patogênicos. Em plantas e microrganismos, os estudos são ainda mais pontuais e esparsos. Informações adicionais constam no Anexo 5 (Sumário do Perfil de Conhecimento de Diversidade Genética)

É patente a necessidade de maior engajamento e integração de geneticistas em investigações de biodiversidade, aproveitando o grande potencial de pesquisa do país.

ESTIMATIVAS DE BIODIVERSIDADE BRASILEIRA

Limitantes de estimação

A diversidade de espécies é um dentre vários níveis de organização da vida – um dentre outros componentes, ou escalas, da diversidade biológica. No entanto, é este nível que, até o presente, vem sendo mais enfocado em comparações abrangentes, desde a escala local até a biosfera (ainda que haja alternativas menos convencionais, porém viáveis).

Antes de apresentar a compilação de estimativas de biodiversidade para o Brasil, é aconselhável revisarmos as limitações a que esta tarefa está sujeita.

Hammond (1992), na primeira revisão crítica das avaliações globais de diversidade, apontou cinco "domínios não mapeados de riqueza de espécies": o domínio oceânico: parasitos; fungos e microrganismos; nematódeos, ácaros e insetos; e o dossel de florestas tropicais. Estes domínios quase desconhecidos limitam, e até certo ponto frustram, as tentativas de obter estimativas acuradas de biodiversidade total.

Resumimos abaixo os principais obstáculos com que nos defrontamos para esta estimação. Diversos táxons são afetados por uma combinação inter-relacionada destes problemas:

- problemas em reconhecimento e de delimitação de espécies: este problema é especialmente agudo para a biota microbiana, onde a taxonomia baseada em morfologia é insuficiente. Afeta também grupos em que a reprodução assexuada, ou outros processos biológicos, permitem o isolamento permanente de linhagens ou populações, muitas vezes sem diferenciação morfológica. Por fim, a variação morfológica e genética entre populações de organismos superiores representa um constante desafio para estabelecer limites;
- ecossistemas e hábitats pouco explorados: dossel de florestas tropicais, biota de solo, ambientes pelágicos;
- parasitos, especialmente endoparasitos, quase não foram sistematicamente inventariados ou, quando muito, em hospedeiros (plantas e animais) de uso econômico, doméstico, ou de importância médico-veterinária. A grande maioria das plantas e animais, especialmente invertebrados, é território virtualmente desconhecido quanto à biota que albergam;

- grupos hiperdiversos – mesmo que não sofram dos problemas acima, podendo portanto ser estudados com procedimentos tradicionais, são difíceis de estimar simplesmente pelo vasto número de espécies que contêm; são exemplo os ácaros e as grandes ordens de insetos, como dípteros, coleópteros e himenópteros;
- a maioria dos táxons foi amostrada em poucas localidades; devido a isto e com o agravo adicional da desigualdade de métodos e esforços de amostragem, desconhecemos a variação da biota entre diferentes localidades ou períodos. Extrapolações baseadas em poucas amostras e localidades são incertas e de pouca utilidade;
- desconhecimento do táxon por falta de especialistas que pudessem ou quisessem se dedicar a seu estudo, mesmo que o grupo não seja especialmente difícil ou intratável.

Deve-se salientar que estes problemas são comuns a todas as regiões do globo e, exceto talvez os três últimos, comprometem igualmente as estimativas de biodiversidade em regiões intensivamente estudadas da Europa e América do Norte.

A clareza sobre estes condicionantes é indispensável para avaliar e compreender as estimativas mais abrangentes de biodiversidade, tanto as que apresentamos aqui quanto as que têm sido produzidas para outros países e regiões do mundo.

Fontes e procedimentos para estimação

A fonte primária de informações foram os Relatórios Setoriais e as respostas fornecidas por especialistas ao questionário do projeto (v. Anexo 1, Ficha 3). As respostas foram bastante desiguais quanto ao detalhamento e documentação. Outra fonte complementar foi a série "Biodiversidade do Estado de São Paulo, Brasil" (Joly e Bicudo, 1998-99, vols. 1-6), em que foram incluídas avaliações de números de espécies conhecidas e esperadas em São Paulo, no Brasil e no mundo. Estas fontes principais se sobrepuseram amplamente pois, em muitos casos, as pessoas que contribuíram aos textos da compilação paulista responderam também ao questionário deste trabalho.

Para cada táxon, reunimos informações sobre o número de espécies descritas conhecidas no Brasil e no mundo (estimativas continentais também foram solicitadas no questionário, mas o retorno foi muito limitado). Quanto possível, agregamos também o número de espécies estimado, ou seja, o total de espécies que se supõe existir no país e no mundo.

Entretanto, em diversos casos, nos questionários e também nos dados apresentados em Joly e Bicudo (1998-99) parecem constar estimativas do número de espécies descritas e conhecidas, em lugar de estimativas do total de espécies existentes, causando certa confusão e limitando o conjunto aproveitável de estimativas de diversidade total presumida.

Diversos grupos taxonômicos são ainda quase impossíveis de totalizar por não haver um esquema classificatório estável e consensual. Consequentemente, diferentes autores utilizam os mesmos nomes para diferentes níveis hierárquicos, mudando também a abrangência do táxon; ou então, utilizam nomes alternativos, mas que nem sempre são simples sinônimos e plenamente equivalentes. Esta dificuldade é mais crítica para táxons inferiores, mas afeta também conjuntos de plantas e metazoários. Tais inconsistências sistemáticas não são um problema particular do Brasil, mas afetam todos os esforços mundiais de estimativas abrangentes de biodiversidade.

Para estimar o número de espécies registrado no Brasil nos táxons mais difíceis, em que não obtivemos qualquer estimativa direta, usamos como base um conjunto de 59 táxons de todos os reinos para os quais consideramos haver uma listagem razoável das espécies conhecidas. Isto não significa que esses táxons estejam exaustivamente amostrados e estudados, mas apenas que existe uma listagem ou contagem de espécies registradas. Calculamos a porcentagem que as espécies brasileiras representam em relação ao número de espécies descritas no mundo. Em seguida, calculamos a média e um intervalo de confiança de 95% para essas percentagens (Figura 26; detalhes do cálculo na legenda).

A média log-transformada das percentagens de espécies supostamente conhecidas no Brasil em relação ao mundo foi de 8,95%; os limites do intervalo de confiança de 95% desta média foram de 7,45 a 10,76%. Usamos este intervalo de confiança da média para estimar o número de espécies conhecidas dos táxons mais difíceis. Esta opção, em relação a outros estimadores possíveis, se justifica desde que se entenda que os valores apresentados destinam-se exclusivamente a posicionar a ordem de grandeza presumida do conhecimento atual.

Nos táxons em que não há contagens ou estimativas feitas por especialistas, usamos esses percentuais sobre o total mundial de espécies conhecidas de cada táxon como melhor aproximação do número de espécies conhecidas no Brasil. Em alguns casos, porém, pudemos estabelecer estimativas usando inferências específicas para o grupo.

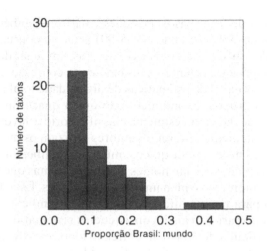

Figura 26. Distribuição de percentagens do número de espécies conhecidas no Brasil em relação ao mundo, em 59 táxons. A escala à esquerda mostra contagens. Para normalizar a distribuição assimétrica, as percentagens foram log-transformadas antes de calcular a média e limites do intervalo de confiança de 95%; estes foram retransformados por exponenciação, resultando em média = 8,95%; intervalo de confiança = 7,45 a 10,76%.

    Os insetos são, numericamente, o táxon mais importante da biota conhecida, tendo um peso muito grande em todas as estimativas totalizadoras. Por isto, detalhamos aqui a obtenção da aproximação que apresentamos.

    Utilizamos 11 subdivisões de insetos (desde famílias até ordens) catalogadas para o país, para estimar a proporção de espécies registradas no Brasil em relação ao mundo. O percentual médio destes grupos foi de 13,3%, com um intervalo de confiança de 8,5 a 18,1%. Utilizando um procedimento de reamostragem, a média é quase idêntica (13,2%) com uma faixa (intervalo de confiança de 95% para a média) de 9,6% a 17,4%. Assim, com um total de 950.000 espécies conhecidas no mundo (Heywood, 1995) e estas últimas percentagens, o total de espécies hoje conhecido no Brasil deve situar-se na faixa de 91.000 até 165.000. Compare-se este valor com as estimativas de três das quatro grandes ordens de insetos: Coleoptera, Lepidoptera e Hymenoptera, para as quais os especialistas que prestaram informações supõem que haja aproximadamente 68.000 espécies registradas no Brasil. A inclusão da quarta grande ordem, Diptera, deve elevar este número para cerca de 80.000, sem contar todas as demais ordens. Portanto, o intervalo calculado por reamostragem dos 11 táxons de referência não conflita com os valores parciais de que dispomos. Apesar disto, julgamos o limite superior demasiadamente alto, superestimando o conhecimento e contribuição do conjunto de outras ordens e inflacionando indevidamente os totais maiores. Assim, usamos como limite superior para o número presumivelmente conhecido de insetos o valor derivado do percentual médio dos 11 táxons (13,2%), igual a 126.000.

Diversidade de espécies conhecidas no Brasil

Os valores obtidos para todos os filos e algumas de suas principais subdivisões são apresentados na Tabela 33.

Enfatizamos que, como em todas as tabulações semelhantes produzidas para países ou regiões maiores, o significado e a informação efetiva variam enormemente conforme o grupo taxonômico. Os valores tabulados, além de representarem nosso estado de conhecimento, demonstram o grau de ignorância sobre o conhecimento atual. Lembramos que a Tabela 33 apresenta estimativas tão somente das espécies conhecidas no Brasil, sem abranger o contingente ainda não descoberto ou não documentado da biodiversidade brasileira. Portanto, as grandes incertezas contidas nesta tabela advêm, em primeiro lugar, da falta de listagens de espécimes identificados e catálogos publicados de espécies registradas no país.

Estimamos, assim, que no Brasil tenham sido registradas cerca de 200.000 espécies, até o presente, a maior parte em grandes táxons, cuja catalogação de espécies conhecidas é ainda muito incompleta.

É importante notar que os totais da Tabela 33 não são adequados para estimar a contribuição brasileira para as espécies atualmente conhecidas na biota mundial. Isto porque, como descrevemos acima, a percentagem de determinados táxons melhor documentados foi usada para estimar a de táxons incertos com grande peso numérico nos subtotais e totais obtidos por inferência (que estão assinalados por asteriscos na tabela). Portanto, os subtotais e total da Tabela não correspondem a somas de estimativas independentes produzidas para cada táxon.

Dentre os táxons mais importantes, podemos destacar angiospermas, peridófitas, aracnídeos e vertebrados como exemplos de grupos cuja catalogação de espécies já conhecidas está relativamente avançada. Nos demais grandes táxons, não há catálogos abrangentes satisfatórios, embora sua condição seja bastante desigual. Assim, em fungos, algas, moluscos, crustáceos e insetos há algumas subdivisões catalogadas e outras em que não dispomos sequer de uma lista de controle de nomes (*check-list*) incipiente para o Brasil.

Urna tarefa importante, cuja realização depende principalmente de um planejamento eficiente e do engajamento do maior número de pessoas possível, é a elaboração de listas nomenclaturais para os grandes grupos a partir de publicações e de fichários ou bases de dados já existentes. Especialistas fazem restrições a listas "sujas" (cuja nomenclatura não tenha sido depurada de erros e sinonímias entre espécies) mas, nos táxons mais difíceis, mesmo tais listas representam já um avanço apreciável em relação à grande incerteza atual sobre o grau de conhecimento destes importantes grupos. Tão logo seja praticável, tais listas devem ser revisadas e verificadas, quando passam a ser ferramentas estratégicas para todo o trabalho futuro no grupo.

Tabela 33. Estimativas ou contagens do número de espécies descritas no Brasil e no mundo. O arranjo taxonômico acompanha, em geral, Margulis & Schwarz (1998), com modificações conforme os relatórios do projeto e literatura específica. Os dados são apresentados para o nível de filo ou equivalente, exceto o sub-reino Protozoa e as subdivisões importantes (subfilos ou classes) das plantas superiores, artrópodes e vertebrados (em *itálico*), ou alguns grupos tradicionais cujo *status* taxonômico formal é incerto (entre "aspas"); pteridófitas e outros grupos têm sido divididos em filos, mas esta decisão não é consensual. Contagens são apresentadas como publicadas ou informadas: estimativas são arredondadas. Totais para reinos e grandes subdivisões informais (invertebrados, cordados) são mostrados em **negrito**. Asteriscos (*) assinalam valores inferidos por processos explicados nas notas e no texto. Fontes principais de informação: Relatórios setoriais, questionários, "Biodiversidade do Estado de São Paulo", vols. 1-6, Hammond (1992), Heywood (1995), Reaka-Kudla (1997), Margulis e Schwarz (1998).

Reino/Filo (ou *subfilo/classe*)	Brasil conhecido	Mundo conhecido
VIRUS	*250-400 [a]	3.600
MONERA	*1.100-1.350	4.760
"Bacteria"	*300-450 [a]	4.200
Mycoplasma [c]	*4-7 [a]	60
Cyanophycota	800-900	3.100
FUNGI	*12.500-13.500	70.500-72.000
Zygomycota	165	1.056
Ascomycota (inclui fungos liquenizados)	*2.500-3.500 [b]	32.267

Reino/Filo (ou *subfilo/classe*)	Brasil conhecido	Mundo conhecido
Basidiomycota	8.900	22.244
Deuteromycota	*1.000-1.600 [a, b]	15.000
STRAMENOPILA	**141**	**760**
Oomycota	133	694
Hyphochytridiomycota	4	24
Labyrinthulomycota	4	42
PROTISTA	***7.000-9.900***	**75.300**
Protozoa (sub-reino)	*2.600-3.900 [a]	36.000
Chytridiomycota	93	793
Myxomycota	180	778
"Algas"	**4.100-5.700*	*37.700*
Bacillariophyta (diatomáceas)	1.000-1.200	10.000
Chlorophyta	2.500-3.500	7.800
Phaeophyta	*65-100 [b]	1.500
Rhodophyta	*350-450 [b]	4.000
Chrysophyta	50-100	12.500
Pyrrhophyta	*80-150 [b]	1.100
Euglenophyta	*120-200 [b]	800
PLANTAE	**45.300-49.500**	**264.000-279.400**
Bryophyta	3.100	14.000-16.600
Pteridophyta	1.200-1.400	9.600-12.000
"Gymnospermae"	15	806
Magnoliophyta (=Angiospermas)	40.000-45.000	240.000-250.000
ANIMALIA	***113.000-151.000***	**1.287.000-1.330.000**
"Invertebrados"	***107.000-145.000***	*1.236.000-1.287.000*
Placozoa	0	1
Porifera	300-400	6.000-7.000
Cnidaria	470	11.000
Ctenophora	2	90
Platyhelminthes	* 900-1.300 [a]	12.200
Gnathostomulida	0	80-100
"Mesozoa"	0	85
Nemertina	43	1.149
Nematoda	* 1.000-2.200 [a, b]	15.000-25.000
Nematomorpha	11	320
Acanthocephala	30-50	1.150
Rotifera	457	2.000
Kinorhyncha	1	150
Priapulida	1	16
Gastrotricha	69	500
Loricifera	0	50
Entoprocta	10	150
Annelida	1.000-1.100	12.000-15.000
Sipuncula	30	150
Echiura	9	130
Pogonophora	1	140
Mollusca	2.600	70.000-100.000
Tardigrada	67	750-840
Onychophora	4	90

Reino/Filo (ou *subfilo/classe*)	Brasil conhecido	Mundo conhecido
Bryozoa	284	5.500
Brachiopoda	2	355
Phoronida	6	16-18
Chaetognatha	18-20	125
Hemichordata	7	90
Echinodermata	329	7.000
"Arthropoda"		
Hexapoda (insetos)	* 91.000-126.000 [a]	950.000
Myriapoda	400-500	11.000-15.100
Arachnida	5.600-6.500	92.500
Crustacea	2.040	36.200-39.300
"Chordata"	*6.200*	*41.400-42.200*
Urochordata	140-170	2.300-3.100
Cephalochordata	2	25
"Pisces"	*2.811*	*23.800*
Agnatha	1	83
Chondrichthyes	150	960
Osteichthyes	2.660	13.070
Amphibia	600	4.220
Reptilia	468	6.460
Aves	1.677	9.700
Mammalia	524	4.650
Total	179.000-226.000	1.706.000-1.766.000

[a] Estimativa com base no intervalo de confiança de percentual Brasil/mundo em táxons catalogados (para explicações, veja Figura 26 e texto).
[b] Estimativa com base em outras inferências (razões entre táxons, razões entre regiões etc.).
[c] Inclui Acrasiomycota, Dictyoseliomycota e Plasmodiophoromycota

A diversidade total de espécies existentes no Brasil

Se a avaliação do rol de espécies conhecidas é dificultada por problemas consideráveis, a estimativa da diversidade real – ou seja, do conjunto de espécies que deve existir no Brasil – é um exercício cujas incertezas, literalmente, se multiplicam. Discussões detalhadas são encontradas em Hammond (em Groombridge, 1992) e em Heywood (1995), a quem remetemos.

Para produzir um balizamento, adotamos um procedimento simples. Com poucas exceções, os táxons maiores, que mais contribuem para a magnitude da diversidade total, são também os mais difíceis de estimar (Tabela 33). Consequentemente, é inútil tentar qualquer extrapolação com base no número de espécies supostamente conhecido, tão incerto quanto a proporção do total de espécies que ele representa. A via alternativa é estimar a diversidade brasileira como fração da diversidade total.

Em primeiro lugar, estimamos, portanto, a fração da biota mundial ocorrente no Brasil. Para isto, escolhemos alguns táxons que podem ser considerados relativamente bem catalogados para o Brasil e bem conhecidos em termos mundiais. Estes táxons têm 65% ou mais de suas espécies presumivelmente conhecidas no mundo; isto, no caso das aves, deve superar os 95%. Empregamos um grupo de 11 táxons (Tabela 34). Sem dúvida, este grupo poderá ainda ser expandido, especialmente se modificarmos os critérios de inclusão. Além disto, as classes de vertebrados e as Angiospermas podem ser desdobradas em ordens ou famílias; isto seria estatisticamente vantajoso, mas é importante lembrar que táxons menores podem ter distribuições geográficas idiossincráticas. Neste sentido, os táxons usados são suficientemente grandes para representar amálgamas biogeográfico-evolutivos, o que torna cada item da Tabela 34 uma média ponderada de grupos independentes.

Com os grandes grupos utilizados, obtivemos a média de percentagem de 13,6%. Como pretendemos balizar os valores totais esperados, adotamos como limites um desvio padrão amostral acima e abaixo da média, resultando num intervalo de 9,7% a 17,6%. Este intervalo compreende 67% dos valores da distribuição normal à qual a amostra foi ajustada. Isto significa que, se estes 11 táxons estiverem de fato bem catalogados e se forem representativos do conjunto de todos os táxons, em 2/3 de todos os táxons esperamos que os valores estejam compreendidos entre os limites usados (o intervalo equivalente para os percentuais de 95% dos táxons se estende de 5,7% a 21,6%).

Tabela 34. Grupos taxonômicos, considerados razoavelmente bem conhecidos, usados para estimar a fração da biota mundial que se supõe ocorrer no Brasil. São apresentados os números de espécies atualmente conhecidas, e o percentual brasileiro em relação ao mundo. Fontes: veja Tabela 33.

táxon	Brasil	Mundo	%
Chondrichthyes	150	960	15,63
Amphibia	600	4.220	14,22
Reptilia	468	6.458	7,25
Aves	1.677	9.700	17,29
Mammalia	524	4.650	11,27
Mollusca: Cephalopoda	45	650	6,92
Arachnida: Opiliones	951	5.500	17,29
Borboletas [a]	3.268	19.238	16.99
Odonata	670	5.360	12,50
Angiospermae	43.000	235.000	18,30
Pteridophyta	1.300	10.500	12,38
Média das percentagens			**13,64**

[a] Papilionoidea + Hesperioidea.

As estimativas de biodiversidade mundial que utilizamos foram os valores projetados no "Global Biodiversity Assessment" (Heywood, 1995) que apresenta estimativas baixas e altas compiladas de diferentes fontes. O valor preferido (*working figure*) escolhido pelos autores envolve um julgamento de plausibilidade das estimativas e não é a media de todas as estimativas, ou de seus valores extremos. A Tabela 35 mostra estes valores, a partir dos quais, em combinação com os percentuais derivados da Tabela 34, produzimos estimativas para a biodiversidade brasileira.

A estimativa média foi obtida multiplicando os valores preferidos mundiais (coluna B) com o percentual médio de espécies brasileiras em relação ao total mundial de 13,6%, conforme o cálculo apresentado acima. Isto produz um total aproximado de 1,9 milhões de espécies para o Brasil. Multiplicando o valor preferido de Heywood (1995) pelos limites de confiança do percentual médio, o total de espécies brasileiras de todos os táxons situa-se entre cerca de 1,3 e 2,4 milhões de espécies.

Para comparação, geramos um segundo intervalo com os valores superiores e inferiores das estimativas listadas em Heywood (1995) para os grandes táxons, multiplicado pelo percentual médio brasileiro. Este intervalo, que incorpora praticamente as estimativas mais extremas propostas para os grandes táxons, vai de um mínimo de menos de 0,5 milhão a mais de 15 milhões de espécies biológicas no Brasil. Se o primeiro valor é irreal por estar muito próximo ao total estimado de espécies já conhecidas, o segundo é imponderável. Ele depende, principalmente, de quantos insetos não foram coletados e descritos. Se, como pensam diversos especialistas, o total mundial de insetos aproximar-se de 100 milhões de espécies, deve-se esperar que mais de 10 milhões destas espécies ocorram no Brasil. De fato, as projeções muito altas de insetos em geral incluem expectativas proporcionalmente elevadas em biomas de floresta tropical ombrófila. Isto significa que, cumpridos estes pressupostos, o total de insetos brasileiros poderia mesmo superar 20 milhões de espécies.

Nos insetos, a proporção entre a expectativa mais alta e a mais baixa apresentada no "Global Biodiversity Assessment" é de 50 vezes, um indicador expressivo de incerteza. Outros táxons com proporções também elevadas são bactérias (60 vezes), vírus (20), fungos (14) e nematódeos (10); note-se que para estes dois últimos existem estimativas ainda mais elevadas que foram excluídas do "Global Biodiversity Assessment".

Tabela 35. Estimativas da diversidade de espécies total possível no Brasil e no mundo; são mostrados táxons que têm mais de 20.000 espécies conhecidas (coluna A) e/ou cujas estimativas podem exceder a 100.000 espécies. Todos os valores em milhares; dados mundiais arredondados. Estimativas mundiais do Global Bioversity Assessment (Heywood, 1995). Estimativas brasileiras calculadas conforme explicação no texto, com coeficientes baseados na Tabela 34: média m = 0,136, limite inferior i = 0,097, limite superior s = 0,176.

(x 1000)	Mundo				Brasil				
táxons	espécies atuais	valor preferido	estimativa baixa	estimativa alta	estimativa média	v.p. *lim. inferior	v.p. *lim. superior	est. baixa * média	est. alta * média
fórmula>	(A)	(B)	(C)	(D)	B * m	B * i	B * s	C * m	D * m
Vírus	4	400	50	1.000	54,6	38,6	70,5	6,8	136,4
Bactérias	4	1.000	50	3.000	136,4	96,9	176,2	6,8	409,2
Fungos	72	1.500	200	2.700	204,6	144,9	264,3	27,3	368,2
"Protozoários"	40	200	60	200	27,3	19,3	35,2	8,2	27,3
Algas	40	400	150	1.000	54,6	38,6	70,5	20,5	136,4
Plantas	270	320	300	500	51,9 ª	49,0 ª	56,4	40,9	68,2
Nematódeos	25	400	100	1.000	54,6	38,6	70,5	13,6	136,4
Crustáceos	40	150	75	200	20,5	14,5	26,4	10,2	27,3
Aracnídeos	75	750	300	1.000	102,3	72,4	132,1	40,9	136,4
Insetos	950	8.000	2.000	100.000	1.091,1	772,8	1.409,4	272,8	13.638,8
Moluscos	7	200	100	200	27,3	19,3	35,2	13,6	27,3
Cordados	45	50	50	55	8,2 ª	7,0 ª	8,8	6,8	7,5
Outros	115	250	200	800	34,1	24,1	44,0	27,3	109,1
Total	1.750	13.620	3.635	111.655	1.867,2	1.335,9	2.399,5	495,8	15.288,5

ª Valores para plantas e cordados foram obtidos diretamente a partir de estimativas constantes dos relatórios setoriais do presente trabalho e publicações, substituindo valores estimados pela fórmula dos demais táxons, muito próximos ou inferiores aos totais hoje conhecidos.

Em suma, são principalmente estes táxons: insetos, bactérias, vírus, fungos e nematódeos, os que reúnem o maior nível de incerteza atual e cuja diversidade não conhecida pode superar em dez vezes, ou mais, a que conhecemos atualmente. E devido principalmente a eles que o total de espécies do planeta não pode ser estimado com precisão maior que uma a duas ordens de grandeza.

Quanto ao Brasil, estas aproximações – as únicas produzidas, até hoje – sinalizam que a biodiversidade total brasileira é cerca de 10 vezes a que hoje é registrada: quase 2 milhões de espécies esperadas contra cerca de 200 mil conhecidas. Mesmo combinando o limite inferior da biodiversidade estimada com o limite superior do total presumivelmente conhecido, ainda o número esperado é 6 vezes maior que o conhecido. Evidentemente, como a Tabela 35 mostra, este fator pode ser ainda bem maior do que 10.

A proporção aproximada de 10 vezes aplica-se à maioria dos grandes táxons observados; ela é, porém, bem menor em plantas superiores e em cordados, em que podemos esperar aumentos máximos da ordem de 10 a 20% no total de espécies conhecidas; nos cordados, isto será determinado principalmente pelos peixes de água doce. No outro extremo, encontram-se vírus, bactérias e nematódeos, em que as projeções apontam para um aumento desde 30 até 100 vezes do número hoje conhecido de espécies. Devemos também atentar a outras diferenças internas aos grupos relacionados na Tabela 35. Por exemplo, nos insetos há grupos em que dificilmente o número total de espécies mais que dobrará (como formigas, abelhas, libélulas e lepidópteros no total), ao passo que em outros, tais como diversas famílias de dípteros, himenópteros, coleópteros e mesmo de lepidópteros, o número de espécies desconhecidas deve superar em muito as já registradas. O mesmo também ocorre na maioria dos grandes grupos de invertebrados, em fungos e em algas.

Com uma defasagem tão acentuada entre a biodiversidade registrada e aquela ainda por conhecer, duas conclusões são muito claras: primeiro, não é viável pretender inventariar exaustivamente a biodiversidade brasileira senão no curso de várias décadas ou séculos – e, com as pessoas e recursos hoje disponíveis, é impossível chegar mesmo perto disto. Consequentemente, a informação necessária para conhecimento e uso da biodiversidade somente poderá ser produzida com esforços muito centrados para objetivos claros.

Segundo, a base de recursos institucionais e humanos, tanto de especialistas quanto de pessoal de apoio, somente poderá fazer face às necessidades mais urgentes com uma expansão e consolidação significativas. Programas que injetem recursos suplementares esporádicos ou investimentos ocasionais não farão simplesmente qualquer diferença para a precariedade da nossa condição em atender às demandas urgentes quanto à biodiversidade.

CONCLUSÕES E RECOMENDAÇÕES

Como definimos de início, nosso objetivo foi produzir um perfil de nosso conhecimento e capacitação atuais quanto à diversidade biológica brasileira. Tal perfil foi pensado essencialmente como uma ferramenta de apoio à formulação de uma política abrangente de pesquisas e capacitação nesta área, destinada a fazer frente tanto a demandas imediatas quanto a objetivos de longo prazo.

A compilação de informações que produzimos neste estudo não é exaustiva, mas as lacunas e dados incompletos não afetam os traços mais gerais do perfil que produzimos: estes traços gerais são, seguramente, o resultado mais importante deste trabalho. Enfatizamos que, para o traçado mais detalhado de planos voltados a temas, táxons ou áreas específicos, o presente estudo fornece um ponto de partida definido, mas que, necessariamente, deverá ser verificado e aprofundado por levantamentos e estudos complementares.

As recomendações apresentadas no final desta seção são derivadas dos resultados apresentados nesta síntese, combinadas com conclusões e recomendações contidas nos relatórios setoriais.

DISPARIDADES DE CONHECIMENTO E CAPACITAÇÃO

Um tema constante, nesta síntese e nos relatórios setoriais que a acompanham, é a forte heterogeneidade do nível de conhecimento e capacitação em todos os recortes que abordamos. Para embasar as recomendações que se seguem, é importante recapitular os contrastes mais marcantes.

Conhecimento taxonômico

Devemos fazer distinção entre duas condições: o estado global de conhecimento de diferentes táxons e os problemas específicos do país. Em cada uma, existem táxons hoje pouco conhecidos, mas por razões bastante distintas.

No primeiro caso estão os táxons incompletamente descritos (e inventariados, veja abaixo); como exemplos, destacam-se bactérias, fungos, nematódeos e ácaros, grupos para os quais sequer se conhece a ordem de grandeza de sua diversidade global. Um avanço estratégico nestes grupos não depende especialmente de iniciativas nacionais, como será discutido mais abaixo.

Um caso distinto e o de grupos cuja taxonomia é relativamente bem estabelecida em nível mundial, porém para os quais faltam hoje, no Brasil, especialistas e/ou também as condições necessárias (coleções e literatura organizadas). Para estes grupos, iniciativas nacionais ou regionais poderão produzir avanços decisivos. São exemplos diversos ordens e famílias importantes dos artrópodes e das angiospermas.

Conhecimento regional e de biomas

As diferenças de conhecimento entre regiões geográficas brasileiras foram bastante constantes para todos os grupos taxonômicos. De modo geral, as regiões Sudeste e Sul são melhor conhecidas do que as demais, seguidas ou aproximadas pela região Norte. As regiões Centro-Oeste e, principalmente, Nordeste mostram-se muito defasadas quanto ao conhecimento geral de diversidade biológica. Tais tendências apenas são revertidas para um ou outro grupo taxonômico que tenha sido mais extensamente recenseado e investigado.

O conhecimento dos grandes biomas e ecossistemas brasileiros reproduz as disparidades regionais. Nos ambientes terrestres, Caatinga e Pantanal são até agora os biomas menos conhecidos. Uma exceção parcial são o Pinheiral e Campos Sulinos, que, embora próximos as maiores concentrações de instituições e pesquisadores no Brasil, ainda oferecem lacunas de conhecimento bastante preocupantes em vista da extensão de sua substituição agroflorestal.

Condições institucionais e capacitação

Neste âmbito, ressurgem sob outro aspecto as diferenças já assinaladas. As acentuadas diferenças no número de instituições e de pesquisadores que constatamos entre regiões são simultaneamente causa e consequência da desigualdade atual no grau de conhecimento da biodiversidade – seja na extensão de sua amostragem, seja em seu estudo subsequente.

A região Norte, apesar de mais próxima das regiões Nordeste e Centro-Oeste do que do Sul e Sudeste em termos socioeconômicos e políticos, está mais próxima destas últimas no aparelhamento institucional e número de pesquisadores ativos. Identifica-se facilmente a influência determinante de duas instituições pivotais, o INPA em Manaus e o Museu Goeldi em Belém, ambas com histórias antigas de convênios com instituições do Sul/Sudeste e, principalmente, do exterior. Recentemente outras instituições, acadêmicas e não governamentais, têm amplificado este efeito gerador.

Embora, no Centro-Oeste e Nordeste, determinadas instituições (universidades, centros de pesquisa da Embrapa etc.) tenham nucleado esforços de inventariamento e reconhecimento da biota regional, por vezes também ancorados em convênios externos, esses são relativamente recentes e não produziram a condição institucional hoje existente no Norte e, muito menos, no Sul e Sudeste.

ESTABELECIMENTO DE OBJETIVOS E PRIORIDADES

A grande disparidade de conhecimento e capacitação em relação a diferentes táxons, biomas e regiões brasileiras demonstra claramente que qualquer política de investigação da biodiversidade e de sua aplicação terá de ser múltipla e flexível, aproveitando possibilidades específicas e definindo metas realistas de curto e médio prazo.

Em todas as avaliações nacionais e internacionais sobre biodiversidade e na maioria das propostas que têm sido desenvolvidas ou implementadas há um consenso amplo: de que o reconhecimento exaustivo e detalhado da diversidade biológica é impraticável em qualquer prazo realista, mesmo com um substancial aporte de recursos adicionais. Algumas das projeções neste sentido foram expostas neste relatório e em parte dos relatórios setoriais.

Com algumas exceções, as propostas globais têm metas relativamente restritas. Como exemplo, o projeto "Species 2000"* que é parte

---

* Atualmente em http://www.sp2000.org/.

do programa Diversitas da Unesco e do GBIF ("Global Biodiversity Information Facility"), propõe a catalogação de toda a *nomenclatura* taxonômica atual, ou seja, produzir uma base de dados descentralizada com todos os nomes científicos vigentes. Este projeto, como outras iniciativas, propõe-se a organizar a informação taxonômica existente, tornando-a mais disponível. Para táxons bem estudados, tais bases de dados facilitarão e melhorarão a realização de novos inventários; mas não apoiam nem promovem a amostragem e reconhecimento da maioria dos táxons, cujo conhecimento é muito incompleto.

Outros projetos visam a realização de inventários abrangendo todos os táxons, porém estes são necessariamente dimensionados para uma escala restrita e, ainda assim, representam um desafio de angariar e organizar recursos financeiros e humanos numa escala nunca experimentada (Janzen e Hallwachs, 1994; Naisbitt, 2000).

A experiência anterior, com programas relativamente difusos de estimulo à atividade taxonômica em geral, confirma que o estabelecimento de objetivos e prioridades claros é indispensável para que recursos e iniciativas não se percam, a despeito de serem bem intencionados. Em outras palavras, perante as demandas urgentes para informação sobre biodiversidade, a simples injeção de recursos suplementares no quadro atual de pesquisadores e instituições, através dos mecanismos rotineiros de fomento de pesquisa, não resolverá os problemas que detectamos, nem produzirá o salto de conhecimento de que necessitamos.

Recomendamos que os objetivos de investigação e capacitação sejam estipulados a partir de uma estratégia mais abrangente, que explicite os usos pretendidos para a informação. Como já foi mencionado na introdução a este trabalho, tais objetivos transcendem o aperfeiçoamento da taxonomia formal, embora esta seja indiscutivelmente crucial as demais finalidades. A partir dos objetivos e usos pretendidos, pode-se conceber uma estratégia que busque cumpri-los, levando em consideração o quadro atual e o potencial mais imediato de desenvolvimento de nosso conhecimento. A Tabela 36 esquematiza uma forma de grupar táxons conforme suas características, e exemplifica ações que poderão promover um incremento efetivo de seu conhecimento e acelerar o aproveitamento desta informação.

Nos tópicos finais, serão discutidas alguns pontos referentes a ações sugeridas nos relatórios setoriais e resultantes desta síntese, conforme exemplificado na Tabela 36. Uma questão, entretanto, perpassa diferentes iniciativas e por isto precede os tópicos restantes.

Tabela 36. Esboço de ações prioritárias possíveis, conforme o estado do conhecimento e capacitação de diferentes grupos de organismos. Os táxons mencionados e ações apresentadas são ilustrativos e não representam um programa completo de ação.

Condição do grupo taxonômico	Exemplos de grupo	Ações prioritárias (exemplos)
Grupo relativamente bem conhecido no Brasil	Aves, mamíferos, borboletas, crustáceos, decápodos, angiospermas (parte)	• produção de manuais de identificação e guias de campo, com difusão impressa e eletrônica • inventários em biomas e áreas pouco conhecidos • formação de coleções regionais • integração a programas mundiais de mapeamento e monitoramento • preenchimento de lacunas taxonômicas
Grupo com taxonomia bem estruturada, com conhecimento ainda incompleto no Brasil	Peixes ósseos, anfíbios; diversas famílias importantes de coleópteros, dípteros, himenópteros; aracnídeos	• intercâmbio ou, se necessário, contratação de especialistas no exterior • formação de especialistas • organização de coleções existentes e catalogação com acesso on-line • identificação de espécies conhecidas • inventários em biomas e localidades de interesse prioritário
Grupo importante com taxonomia muito incompleta	Ácaros e nematódeos de solo, fungos, bactérias	• programas especiais de incentivo à formação e fixação de especialistas • incorporação a iniciativas internacionais de investigação destes grupos, quando existentes • inventários intensivos em localidades focais selecionadas • formação de coleções de referência

101

Condição do grupo taxonômico	Exemplos de grupo	Ações prioritárias (exemplos)
Grupos de menor tamanho com conhecimento variável, sem especialistas no Brasil	Filos e classes marinhos e dulcícolas menores	• incorporação e organização de coleções existentes, especialmente em condições precárias • atribuição de curadorias e estímulo a especialistas • prioridade para estudo de material em inventários abrangentes de ecossistemas

A taxonomia formal e os procedimentos alternativos

Um problema recorrente no planejamento da investigação da biodiversidade diz respeito à necessidade de produzir a taxonomia formal completa de um grupo antes de concluir seu inventário. Caso seja exequível, certamente é muito vantajoso o esforço de completar esta taxonomia, mediante revisão do grupo, descrevendo as espécies novas recém-descobertas (seja em novas coleções, seja em acervos anteriores) e, além disto, organizando-as em um modelo de relações evolutivas (ou seja, propondo uma filogenia para o grupo).

O esforço e tempo necessários para cumprir esta tarefa, para a maioria dos táxons, poderá ser de muitos anos e talvez décadas. Devido a isto, para finalidades bem definidas de inventários com retorno mais imediato, sugerimos que, em coletas extensas, especialmente de grupos taxonômicos incompletamente conhecidos ou em regiões subamostradas e/ou sob risco iminente, seja adotado um protocolo claro de amostragem com a subsequente separação dos organismos coletados em morfoespécies (ou "unidades taxonômicas operacionais") e sua identificação formal até o limite imediatamente praticável. Esta informação pode ser difundida prontamente e com rapidez ainda maior, se utilizadas bases de dados e imagens digitalizadas, combinadas com acesso remoto ou reprodução eletrônica. Além disto, ela é suficiente para o reconhecimento e para muitas das análises mais prementes da condição atual de comunidades e ecossistemas sob risco.

Taxonomistas por vezes relutam em aceitar este modo de trabalho, por representar um risco de taxonomia malfeita e que deprecia sua atividade. Isto pode ser evitado, na medida em que a taxonomia operacional for organizada e supervisionada por especialistas, aplicando os mesmos critérios empregados na taxonomia formal. O trabalho taxonômico propriamente dito progredirá com maior facilidade quanto melhor for a amostragem geográfica e a documentação do grupo; portanto, não há realmente um conflito inconciliável de interesses. No entanto, é importante ter claro que, na maioria dos táxons, a organização dos dados de inventários e amostragens não pode aguardar o estudo taxonômico pleno antes de se tornar disponível para utilização.

Um problema mais trabalhoso de resolver é a conciliação de informações provenientes de diferentes regiões geográficas, quando estudadas por equipes separadas. De fato, uma das funções da formalização de nomes em sistemas taxonômicos é que eles são, em princípio, universais e unívocos. Como a taxonomia operacional usa códigos para espécies não identificadas, é difícil estabelecer qual ou quais espécies são comuns a diferentes hábitats ou regiões, sem comparar diretamente os organismos coletados. Note-se, porém, que na maioria dos táxons a identificação de espécies já descritas não prescinde da comparação de espécimes. Além disto, esperamos que novas tecnologias bioinformáticas em pouco tempo revolucionem o trabalho neste campo, com o aperfeiçoamento de instrumentos já muito promissores.

Embora tais problemas sejam reais, prevalece a necessidade de realizar, com eficiência, inventários relativamente rápidos de grupos importantes em regiões ainda pouco exploradas, em que frequentemente haverá um número grande de espécies (ou grupos taxonômicos maiores, como gêneros) ainda não descritas. A avaliação da riqueza de espécies e da diversidade de diferentes locais ou hábitats terá que ser feita frequentemente sem depender da formalização nomenclatural. Será necessário recorrer também a procedimentos deste tipo para melhorar as estimativas existentes de diversidade biológica no Brasil.

UTILIZAÇÃO DO CONHECIMENTO E CAPACIDADE ATUAIS

Nesta seção, apresentamos recomendações que objetivam um melhor aproveitamento do conhecimento existente nas condições atuais de capacitação e infraestrutura. Na seção seguinte, abordaremos recomendações de novas iniciativas.

Estratégias para avançar o conhecimento de diversidade de espécies

O aumento do conhecimento da diversidade de espécies de um táxon poderá se dar de diferentes formas.

Primeiro, o estudo detalhado de material existente em coleções. Para muitos táxons, há um grande acervo de material em coleções de instituições brasileiras ou no exterior e a taxonomia geral dos grupos está bem estabelecida. Entretanto, o material desses táxons nunca foi organizado e estudado metodicamente para o Brasil (ou para a região neotropical). Um pesquisador que investigue um desses grupos com métodos e critérios taxonômicos vigentes, poderá estender consideravelmente o elenco de espécies do táxon para uma região e para o país, primeiro identificando espécies já descritas mas ainda não notificadas (*novos registros*) e posteriormente publicando as descrições de espécies inéditas (*novas espécies*).

O trabalho sobre as coleções existentes geralmente é potencializado quando novos métodos são empregados para revisões taxonômicas mais abrangentes. A taxonomia vigente de muitos táxons foi estabelecida com base na morfologia externa. Estudos taxonômicos que examinem outras características (morfologia interna, especialmente do aparelho genital; histologia; substâncias químicas particulares; comportamento, incluindo cantos ou vocalizações; distribuição geográfica; enzimas ou sequenciamento de DNA) ou considerem outros critérios para definir espécies e filogenias tendem a aumentar em muito a diversidade reconhecida de espécies, principalmente pelo reconhecimento de espécies próximas que antes eram consideradas como uma só (notando que, inversamente, toda revisão cuidadosa inevitavelmente também estabelece como iguais, ou sinônimas, espécies descritas e tidas como distintas). Tais revisões poderão, por vezes, ser feitas apenas com base em acervo existente em coleções; mas comumente demandam coletas adicionais para preencher lacunas.

Por fim, em muitos casos o conhecimento de um grupo avançará mais rapidamente com a obtenção de coletas mais completas e, principalmente, em localidades, regiões ou hábitats mal representados nas coleções atuais. Esta questão será detalhada mais adiante. Note-se, porém que, na presente síntese, a maioria dos táxons é considerada insuficientemente representada nas coleções brasileiras atuais, e que a cobertura geográfica e ecológica normalmente é tida como ainda mais precária.

Podemos aduzir, portanto, que para qualquer táxon com representação razoável nas atuais coleções e cuja taxonomia esteja sólida, compensará centrar o esforço na organização e identificação de acervos existentes. Em muitos casos, porém, faz mais sentido investir em coletas de material adicional, utilizando procedimentos de amostragem que permitirão a análise da distribuição espacial e ecológica das espécies e estudar o grupo de posse destas novas amostras, em vez de restringir-se ao estudo de acervos insatisfatórios disponíveis que resultarão, na melhor das hipóteses, num catálogo de validade limitada, como já ocorreu no passado.

Aproveitamento do conhecimento existente

Indiscutivelmente, apesar de lacunas importantes, o conhecimento atual de diversos segmentos da biodiversidade brasileira é considerável. No entanto, este conhecimento não está adequadamente disponível para os muitos propósitos em que é necessário. Muitas ações diferentes podem promover uma rápida alteração nesta situação. Em parte, estas dependem de uma reavaliação, por parte de especialistas e instituições, dos objetivos de sua atividade. Por exemplo, a preparação de um guia de campo para leigos é menos valorizada, academicamente, do que a publicação de um trabalho em periódico científico, embora ambos sejam igualmente importantes e o alcance imediato do primeiro talvez seja muito superior.

Algumas ações recomendadas, a partir das consultas a especialistas, relatórios setoriais e da presente síntese, são apresentadas a seguir. Elas dizem respeito especialmente aos táxons cujo conhecimento atual pode ser aproveitado de imediato. Isto se aplica, por exemplo, à maioria dos vertebrados, plantas lenhosas e diversos grupos de invertebrados:

- estimulo e suporte para a preparação de guias de identificação para técnicos não especializados, professores e leigos, enfatizando clareza, facilidade de uso e correção da informação;
- mecanismos de custeio e infraestrutura para facilitar e acelerar a produção e difusão de monografias e guias, em diferentes formatos e meios – impressos, CD-ROM, Internet;
- valorização institucional e acadêmica de produção de guias e literatura de apoio e reconhecimento de publicações eletrônicas como equivalentes as impressas;
- criação de mecanismos para emprego e fixação de especialistas formados, disponíveis no Brasil, mas que hoje não atuam em suas áreas de competência; por exemplo, por meio de estabelecimento de parcerias e convênios, em que a contrapartida institucional seja a criação de postos técnicos.

Consolidação da infraestrutura

A qualidade e a utilidade dos acervos de coleções biológicas, atualmente, estão seriamente comprometidas por limitações estruturais. Algumas das dificuldades críticas podem ser superadas com investimento relativamente pequeno, desde que aplicado competentemente. Dentre os problemas identificados por especialistas neste e em outros estudos, destacamos:

- a falta crítica de curadores profissionais, efetivamente empregados com esta atribuição principal; este é um elemento decisivo para coleções biológicas, que pode ser atendido através de mecanismos como os sugeridos acima para absorção de especialistas;
- a falta, igualmente crítica, de técnicos e pessoal de apoio para as rotinas indispensáveis à conservação e organização dos acervos;
- a frequente falta de espaço e/ou das condições mínimas exigidas para acomodar e conservar acervos biológicos, tais como armários e gavetas apropriados e controle de temperatura e umidade;
- a falta de verbas estáveis para custear material de consumo indispensável à manutenção de acervos, como líquidos conservantes que precisam ser completados ou substituídos periodicamente em coleções úmidas;
- em muitas instituições e coleções, faltam ainda equipamentos, programas de computação e pessoal capacitado para catalogação e informatização de suas atividades.

A destacar, novamente, que o vasto potencial e o valor inestimável dos acervos biológicos no país são totalmente subaproveitados por falta de recursos críticos adequadamente aplicados. Além disto, é importante destacar também que a intensificação e extensão de programas de coleta, inventariação e monitoramento de biodiversidade representam uma pressão adicional muito grande por aumento de espaço, de recursos para acomodação e manutenção, e de pessoal, sobre muitas instituições que já mal dão conta de seus acervos atuais.

NOVAS INICIATIVAS

Criação e fortalecimento de núcleos regionais

As fortes disparidades entre regiões brasileiras e o consequente desconhecimento relativo de importantes biomas exigem um elenco consequente de medidas capazes de, em conjunto, alterar efetivamente este quadro. Trata-se de problemas e realidades complexos e há precedentes de programas de fortalecimento técnico-científico que tiveram sucesso apenas moderado.

Há necessidade, em primeiro lugar, de fortalecer e talvez mesmo de criar núcleos de pesquisa direcionados para investigação da biodiversidade. As instituições atuais padecem das mesmas dificuldades de suas congêneres no restante do país, mas, em muitos casos, estão em situação ainda mais precária. Em nosso entendimento, o fator crítico é a fixação de contingentes mínimos de profissionais competentes e atuantes em cada instituição. A contratação de especialistas e a melhor capacitação dos quadros atuais são complementares. O programa de formação de profissionais bem qualificados terá que ser abrangente, atingindo não só pesquisadores como técnicos de campo e laboratório. Os diversos instrumentos e programas especiais já existentes, direcionados para regiões mais carentes, devem ser aproveitados para um esforço de capacitação. Lembramos, porém, que o mero aporte de recursos não tem sido um instrumento efetivo de avanço.

Como recomendação especifica, destacamos o engajamento de instituições e grupos de pesquisa em programas nacionais e regionais que envolvam inventariação e/ou monitoramento extensos. Isto significa trabalho cooperativo com pesquisadores experientes e permite a formação ou melhora de coleções regionais de referência. Mais uma vez, a contrapartida institucional deve envolver criação de postos de trabalho e garantias de suporte continuado, para que os resultados sejam duradouros.

Intercâmbios e convênios internacionais podem ajudar consideravelmente, mas é fundamental estipular claramente que coleções de referência hem organizadas devem ser necessariamente alojadas nas instituições locais. Na história da biologia brasileira, há precedentes de convênios internacionais em que instituições locais, bastante frágeis, não tiveram nenhum avanço duradouro de capacitação ou de formação de acervos de qualidade. Em outros casos, porém, os intercâmbios tiveram efeitos benéficos e persistentes.

Novos inventários

Esta é, sem dúvida, uma demanda crítica e de máxima urgência, dada a rapidez de desaparecimento e alterações que atingem ecossistemas naturais em toda a extensão do Brasil.

Podemos destacar diversas frentes, todas igualmente importantes, para aumentar substancialmente nosso conhecimento de biodiversidade brasileira:

- *novas regiões*: há ainda vastas extensões do território brasileiro que nunca foram amostradas para a maioria ou mesmo para qualquer grupo de organismos. Ressalte-se que existem lacunas geográficas importantes mesmo nas regiões melhor coletadas;
- *novos hábitats*: muitos táxons são incompletamente conhecidos porque seus hábitats, de difícil acesso (como áreas oceânicas profundas ou o dossel de florestas tropicais, que demandam equipamentos especiais) ainda permanecem virtualmente intocados. Programas extensos de coleta deverão multiplicar o número de espécies conhecidas para táxons que vivem exclusivamente, ou preferencialmente, em tais hábitats. Podemos também incluir entre os "novos hábitats" a maioria dos organismos vivos que jamais foi investigada quanto a seus parasitas ou demais simbiontes;
- *novos métodos*: métodos especiais de coleta são indispensáveis para inventariar diversos tipos de organismos, especialmente os muito pequenos e frágeis. A coleta, extração e preparação de organismos tais como o picoplâncton (organismos, especialmente algas, menores que dois milionésimos de milímetro), ou a maioria dos invertebrados e microrganismos de solo, exigem técnicas próprias, sem as quais a existência destes organismos permanecerá em grande parte desconhecida. Vale relembrar que este desconhecimento não tem qualquer relação com a importância destes grupos, que, de modo geral, respondem por processos essenciais aos ecossistemas e que têm enorme potencial biotecnológico e farmacológico.

Devemos destacar também a utilidade de abordagens que permitam avançar diretamente o entendimento da estruturação e funcionamento da biodiversidade em ecossistemas naturais. Por exemplo, o uso de inventários centrados em recursos (Lewinsohn *et al.*, 2001) permite decompor a diversidade total dos organismos estudados em componentes locais e regionais bem como estimar o *turnover* de espécies entre recursos ou hábitats distintos.

Quanto à formulação de novos programas de inventariação, há algumas recomendações pertinentes:

- os procedimentos de amostragem devem ser consistentes, e planejados com vistas à análise quantitativa e estatística de resultados; deve-se empregar métodos reconhecidos e, caso existam padrões vigentes para determinados táxons ou hábitats, estes devem ser seguidos para possibilitar a comparação dos resultados com outros países e regiões do mundo (veja por exemplo Hayek e Buzas, 1997; Dallmeier e Comiskey, 1998; New, 1998);

- todos os pontos de amostragem devem ser georrefenciados e, se possível, planejados conforme a estrutura de paisagem reconhecida por sensoriamento remoto, permitindo a integração com este modo de análise da diversidade de ecossistemas.

No planejamento de inventários, há que se prever e orçar todos os componentes de sua realização, incluindo, além do trabalho de campo propriamente dito, o subsequente processamento de espécimes e de informações. Um erro comum e de graves consequências é de planejar e orçar detalhadamente o trabalho de campo, mas, ao mesmo tempo, ignorar ou subestimar custos não só financeiros, mas de tempo de especialistas e técnicos, e de espaço apropriado, para:

- engajamento e treinamento de pessoal técnico para trabalho de campo e processamento de amostras;
- separação e triagem do material;
- acomodação tanto temporária (durante o processamento e estudo) quanto permanente das coleções;
- engajamento de especialistas *in loco*, ou envio de material, com todos os custos associados, inclusive de identificação, caso seja paga;
- registro inicial e acompanhamento de trânsito de espécimes;
- implantação, treinamento e uso de bases de dados e programas bioinformáticos, estatísticos e de Sistemas de Informação Geográfica necessários;
- aquisição de dados (meteorológicos, imagens de satélite) e custeio de análises complementares (solo ou água) ou então aquisição e instalação dos respectivos equipamentos;
- preparação e produção de publicações, relatórios, chaves etc.;
- *overheads* (taxas administrativas) institucionais e licenças, quando for o caso.

Neste sentido, atente-se a que o esforço e o tempo para processamento, triagem e identificação, salvo exceções, geralmente excedem os do trabalho de campo e da coleta em si. Consequentemente, estas etapas de trabalho, se não forem adequadamente previstas e custeadas, dificilmente poderão ser completadas a contento.

Caso todos os componentes do projeto não sejam contemplados no planejamento, há o forte risco de que apenas uma parte do trabalho venha a ser concluída e de que nem seus resultados sejam publicados, nem as coleções possam ser aproveitadas. Há numerosos precedentes, dentro e fora do país, de expedições e projetos cujas coletas se perderam e que jamais justificaram o esforço financeiro e humano empreendido.

Dado o esforço necessário para o planejamento, obtenção de recursos e realização de um inventário, é sempre interessante avaliar a possibilidade de que outros táxons sejam integrados em um projeto comum. Quando isto for viável, há ao menos duas vantagens imediatas: primeiro, a possibilidade de contrastar e integrar os resultados entre táxons, valorizando os resultados; segundo, a redução de custos ao compartilhar componentes fixos de custeio e infraestrutura. Entretanto, o aproveitamento do trabalho com outros táxons raramente pode ser feito *a posterior*. Métodos de coleta, triagem e fixação devem ser adequados para cada tipo de organismo; isto é especialmente importante em invertebrados tanto aquáticos como terrestres e em microrganismos, em que amostras inadequadamente conservadas são completamente perdidas.

Por fim, no planejamento de inventários, é especialmente importante buscar o aproveitamento do trabalho de campo para investigação de diversidade genética, seja para obter primeiras informações sobre a genética dos muitos táxons dos quais nada se sabe até hoje, seja para investigar variação intraespecífica entre populações em localidades, fragmentos de hábitat ou tipos de hábitat diferentes.

Novas tecnologias bioinformáticas

Em vários pontos desta síntese foi feita menção à importância de aproveitar novos recursos tecnológicos para estudos de biodiversidade. Há unanimidade dos especialistas e consultores sobre a necessidade de informatização de coleções biológicas. Entretanto, tais recursos recentes não se restringem à conveniência de um catálogo armazenado em computador, mas oferecem possibilidades de acelerar tarefas normalmente demoradas e permitem novos modos de organização, processamento e difusão de informações sobre biodiversidade com um aumento considerável de eficiência e economia.

Entre as tarefas que podem ser revolucionadas pela incorporação de tecnologias bioinformáticas recentes, podemos destacar[*]:
- a catalogação de acervos biológicos em bancos de dados que possam ser consultados pela Internet. São exemplos de gerenciadores de dados desenvolvidos para esta finalidade o Biota (Colwell, 1996) e o BioLink (CSIRO, Austrália);

---

[*] Os projetos e programas aqui citados dizem respeito às condições em 1999-2000, como notado na Introdução.

- uso de programas combinados com bases de dados que facilitam a preparação e apresentação de descrições taxonômicas, facilitando a readaptacão destas informações para diferentes formatos e meios impressos e digitais; por exemplo o Sistema DELTA (CSIRO, Austrália) e o programa Linnaeus-II (ETI, Holanda);
- uso de chaves computadorizadas interativas com extensa incorporação de imagens (fotos, ilustrações, mapas de distribuição), impensável em publicações convencionais em papel, e que facilitam o acesso de pessoas sem treinamento taxonômico formal; por exemplo: LucID (CSIRO, Austrália) e Linnaeus-II (ETI, Holanda);
- uso amplo da Internet para facilitar acesso aos trabalhos já terminados. Como exemplo, pretende-se disponibilizar na Internet as seções já editoradas e aprovadas da *"Flora Fanerogâmica do Estado de São Paulo"* para permitir seu uso antes da publicação da versão impressa, que necessariamente terá que esperar o fechamento de cada volume.
- o uso de recursos da Internet e meios eletrônicos de grande capacidade (atualmente, CD-ROM) para distribuir e facilitar o acesso a imagens de alta definição de espécimes-tipo, listas de nomes corrigidos (projeto "Species 2000", citado acima), literatura antiga de difícil acesso em bibliotecas brasileiras, inventários e *"check-lists* locais", dicionários toponímicos, mapas etc. A digitalização e distribuição de catálogos e de imagens de espécimes representa uma etapa viável, embora ainda limitada, de repatriação de dados de biodiversidade a partir das grandes coleções europeias e norte-americanas para o Brasil e outros países onde estas coletas foram realizadas. Iniciativas neste sentido podem ser incorporadas a acordos de cooperação.

Integração a iniciativas internacionais

Desde a elaboração da Convenção de Diversidade Biológica há um crescente número de iniciativas internacionais voltadas para diferentes aspectos do conhecimento, conservação e uso sustentado da biodiversidade. Tais iniciativas variam do âmbito local até o mundial e do caráter plenamente formal – como iniciativas oficiais de Estados signatários da Convenção, da ONU ou seus organismos, ou do Banco Mundial e outras agências financiadoras – até empreendimentos totalmente abertos e com participação informal.

Como princípio geral, é recomendável a adesão a todas as iniciativas que sejam relevantes e potencialmente úteis para o Brasil. Não estava no escopo do presente estudo revisar tais iniciativas, uma tarefa difícil devido ao constante surgimento e alterações nos projetos. No entanto, algumas observações são pertinentes às recomendações que apresentamos.

Em vista das áreas que enfocamos mais detalhadamente neste estudo, são especialmente importantes iniciativas de capacitação taxonômica, visando a realização de inventários e o monitoramento de áreas críticas para conservação de biodiversidade. Empreendimentos internacionais foram propostos ou nucleados por ONGs e, especialmente, por várias das maiores instituições de pesquisa com grandes coleções mundiais, como os Herbários de Kew (Inglaterra), Nova York e Missouri (Estados Unidos) e os Museus de História Natural de Londres, Washington e Nova York.

A cooperação com estas e outras instituições que detêm acervos excepcionais de espécies da biota brasileira, incluindo muitos espécimes-tipo de espécies descritas, é da maior importância para o conhecimento desta biota. Há, de fato, uma longa tradição de intercâmbios, variando de contatos pessoais e informais entre pesquisadores até convênios entre instituições. No entanto, estas tradições tornaram-se inadequadas ou insuficientes por várias razões. Primeiro, a manutenção dessas grandes instituições de referência depende cada vez mais da captação autônoma de recursos, ainda que seus quadros próprios de especialistas venham se reduzindo continuamente. Em vários dos programas internacionais que iniciaram, estas instituições entram como matrizes capacitadoras e lideram programas pioneiros em países clientes, usualmente do Terceiro Mundo, financiados por organismos internacionais. Este modelo de relação não é apropriado para países como a África do Sul, o México (Sarukhán e Dirzo, 1992: Llorente-Bousquets *et al.*, 1996) ou o Brasil, que têm recursos institucionais e de pesquisadores consideráveis. Para nossas condições e necessidades, os modelos de cooperação e intercâmbio devem seguir outro padrão, levando em consideração o aporte e necessidades de custeio de cada membro.

Segundo, os direitos de acesso e uso da informação biótica tornaram-se um tema ainda mais complexo, cujas ramificações ultrapassam o escopo deste trabalho. Cabe, porém, assinalar que medidas destinadas a proteger direitos de prospecção e uso da diversidade afetam diretamente o necessário intercâmbio de espécimes e informações. A recente legislação brasileira de proteção de recursos genéticos restringe fortemente o envio de espécimes para instituições no exterior; por esta razão, o empréstimo de material para pesquisadores no Brasil encontra-se virtualmente interrompido. Como a finalidade das normas vigentes não é a de coibir o trânsito de espécimes para pesquisa científica legítima, o que contrariaria os próprios interesses brasileiros, é urgente a adoção de alternativas que dissociem a política de proteção dos recursos dos mecanismos de intercâmbio científico interinstitucional; este último, sob qualquer plano de fomento do conhecimento de diversidade, não só terá de ser mantido como certamente facilitado e aumentado.

Como terceiro aspecto referente à cooperação internacional, igualmente controverso, lembre-se a questão da repatriação de informação biótica, potencialmente afeta à Convenção de Diversidade Biológica. Sem explorar esta questão mais extensamente, notamos que o acesso a acervos e o apoio internacional à catalogação, elaboração de manuais etc., podem todos ser considerados como formas de repatriar informação sem transferência de espécimes. Assim, parece razoável buscar o estabelecimento de convênios que facilitem tais acessos e que sejam financiados internacionalmente sob a égide da Convenção de Diversidade Biológica.

REFERÊNCIAS CITADAS

BICUDO, C. E. M. e N. L. Menezes (orgs) 1996. *Biodiversity in Brazil: a first approach.* CNPq (sem editora), São Paulo.

BRANDÃO, C. R. F., A. B. Kury, C. Magalhães e O. Mielke. 1998. *Coleções Zoológicas do Brasil.* Sistema de Informação sobre Biodiversidade/Biotecnologia para o Desenvolvimento Sustentável – OEA e Fundação Tropical André Tosello – BDT. http://www.bdt.org.br/oea/sib/zoocol. (Acessado em fevereiro de 2000).

BRITSKI, H. A., K. Z. S. Silimon e B. S. Lopes. 1999. *Peixes do Pantanal: manual de identificação.* EMBRAPA, Corumbá, MS.

CANHOS, V. P. 1997. *Coleções de culturas de microrganismos.* PADCT/ Finep: Biodiversidade: perspectivas e oportunidades tecnológicas. http://www.bdt.org.br/publicacoes/padct/bio/cap2/vanderle.html. (Acessado em fevereiro de 2000).

COLWELL, R. K. 1996. *Biota: the Biodiversity Database Manager.* Sinauer, Sunderland.

DALLMEIER, F. e J. A. Comiskey (orgs) 1998. *Forest Biodiversity in North. Central and South America and the Caribbean: research and monitoring.* Parthenon, New York.

EWGRB. 1997. *Understanding biodiversity.* European Working Group for Research and Biodiversity, Commission of the European Communities Directorate-General XII for Science, Research and Development, Estocolmo e Bruxelas.

FERRI, M. G. e S. Motoyama (orgs) 1979-1981. *História das Ciências no Brasil.* Vols.1-3. EPU e Ed. da Universidade de São Paulo, São Paulo.

FONSECA, G. A. B., G. Hermann, Y. L. R. Leite, R. A. Mittermeier, A. B. Rylands e J. L. Patton. 1996. Lista anotada dos mamíferos do Brasil. *Occasional Papers in Conservation Biology* 4: 1-38.

GASTON, K. J. 1996. *What is biodiversity?* In K. J. Gaston (org) Biodiversity: a biology of numbers and difference. Blackwell Science, Oxford, pp. 1-9.

GROOMBRIDGE, B. (org) 1992. *Global biodiversity: status of the Earth's living resources: a report compiled by the World Conservation Monitoring Centre.* Chapman & Hall, London.

HAMMOND, P. M. 1992. Species inventory. *In* B. Groombridge (org) *Global biodiversity; status of the Earth's living resources.* Chapman and Hall, London, pp. 17-39.

HAYEK, L. C. e M. A. Buzas. 1997. *Surveying natural populations.* Columbia University Press, New York.

HEYWOOD, V. H. (org) 1995. *Global biodiversity assessment.* United Nations Environmental Program & Cambridge University Press, Cambridge, UK.

IBGE. 1994. *Anuário Estatístico do Brasil.* Fundação IBGE, Rio de Janeiro.

JANZEN, D. H. e W. Hallwachs. 1994. *All Taxa Biodiversity Inventory (ATBI) of terrestrial systems: a generic protocol for preparing wildland biodiversity for non-damaging use. Report from a National Science Foundation Workshop.* Philadelphia, PA.

JOLY, C. A. e C. E. M. Bicudo (orgs) 1998-1999. *Biodiversidade do Estado de São Paulo, Brasil; síntese do conhecimento ao final do século XX. Vols. 1-7.* FAPESP, São Paulo. Também disponível eletronicamente (http://www. biota.org.br).

LEWINSOHN, T. M., P. I. K. L. Prado e A. M. Almeida. 2001. *Inventários bióticos centrados em recursos: insetos fitófagos e plantas hospedeiras.* In I. Garay and B. F. S. Dias (orgs), Conservação da biodiversidade em ecossistemas tropicais. Editora Vozes, Petrópolis, pp. 174-189.

LLORENTE BOUSQUETS. J., A. García Aldrete e E. González Soriano (orgs) 1996. *Biodiversidad, taxonomía y biogeografía de artrópodos de México: hacia una síntesis de su conocimiento.* UNAM/Conabio, México, DF.

MARGULIS, L. e K. V. Schwartz. 1998. *Five kingdoms: an illustrated guide to the phyla of life on Earth.* W. H. Freeman, New York.

MATSUMURA-TUNDISI, T. e W. M. Silva. 1999. Crustáceos copépodos planctônicos. *In* D. Ismael, W. C. Valenti, T. Matsumura-Tundisi e O. Rocha (eds), *Biodiversidade do Estado de São Paulo. Brasil; síntese do conhecimento ao final do século XX, 4: Invertebrados de Água Doce.* FAPESP, São Paulo, pp. 91-100.

MITTERMEIER, R. A., R Robles Gil e C. G. Mittermeier. 1997. *Megadiversity: Earth's biologically wealthiest nations.* CEMEX, Conservation International, Agrupacion Sierra Madre, Ciudad Mexico.

MITTERMEIER, R. A., C. G. Mittermeier, N. Myers e P. Robles Gil. 1999. *Hotspots: earth's biologically richest and most endangered terrestrial ecoregions.* CEMEX, Conservation International, Agrupacion Sierra Madre, Ciudad Mexico.

NAISBITT, N. 2000. *All Species Meeting Synopsis.* September 18-19, 2000, San Francisco, California. http://www.all-species.org. (Acessado em setembro de 2000).

NEW, T. R. 1998. *Invertebrate surveys for conservation.* Oxford University Press, Oxford.

NOSS, R. 1990. Indicators for monitoring biodiversity: a hierarchical approach. *Conservation Biology* 4: 355-364.

OLIVEIRA, P. d. e P. Petry. 1997. *Coleções Zoológicas.* PADCT/Finep: Biodiversidade: perspectivas e oportunidades tecnológicas. http://www.bdt.org.br/ publicacoes/padct/bio/cap2/patricia.html. (Acessado em fevereiro de 2000).

PEDRO, S. R. M. e J. M. F. Camargo. 1999. *Apoidea Apiformes.* In C. R. F. Brandão e E. M. Cancello (orgs), Biodiversidade do Estado de São Paulo, Brasil; síntese do conhecimento ao final do século XX, 5: Invertebrados terrestres. FAPESP, São Paulo, pp. 193-211.

REAKA-KUDLA, M. L. 1997. The global biodiversity of coral reefs: a comparison with rain forests. *In* M. L. Reaka-Kudla, D. E. Wilson and E. O. Wilson (orgs), *Biodiversity II: understanding and protecting our biological resources.* Joseph Henry Press, Washington, DC, pp. 83-108.

RIZZINI, C. T., A. F. Coimbra e A. Houaiss. 1988. *Ecossistemas Brasileiros.* Editora Index, Rio de Janeiro.

ROCHA, C. E. F. 1999. Crustáceos copépodos não planctônicos. *In* D. Ismael, W. C. Valenti, T. Matsumura-Tundisi e O. Rocha (orgs), *Biodiversidade do Estado de São Paulo, Brasil; síntese do conhecimento ao final do século XX, 4. Invertebrados de Água Doce.* FAPESP, São Paulo, pp. 101-106.

ROCHA, O. e A. Güntzel. 1999. Crustáceos branquiópodos. *In* D. Ismael, W. C. Valenti, T. Matsumura-Tundisi e O. Rocha (orgs), *Biodiversidade do Estado de São Paulo, Brasil; síntese do conhecimento ao final do século XX, 4. Invertebrados de Água Doce.* FAPESP, São Paulo, pp. 107-120.

SANTOS, C. 1999. *Nemertinea marinhos registrados no litoral brasileiro.* http://www.bdt.fat.org.br/zoologia/nemertinea/ (Acessado em fevereiro de 2000).

SARUKHÁN, J. and R. Dirzo (orgs) 1992. *México ante los retos de la biodiversidad.* Comisión Nacional para el Conocimiento y Uso de la Biodiversidad, México, DF.

SIQUEIRA, M. F. d. e C. A. Joly. 1997. *Coleções Botânicas.* PADCT/Finep: Biodiversidade: perspectivas e oportunidades tecnológicas. http://www.bdt. org.br/publicacoes/padct/bio/cap2/marinez.html. (Acessado em fevereiro de 2000).

TOMMASI, L. R. 1999. *Echinodermata recentes e fósseis do Brasil.* http://www. bdt.fat.org.br/zoologia/echinodermata/ (Acessado em fevereiro de 2000).

WHITTAKER, R. H. 1959. On the broad classification of organisms. *Quarterly Review of Biology* 34: 210-226.

WILSON, E. O. e F. M. Peter (orgs) 1988. *Biodiversity.* National Academy Press, Washington, DC.

ANEXO 1
QUESTIONÁRIO UTILIZADO
NO PROJETO

FICHA 1: PESSOAS

INFORMADOR/A

Nome: ....

cargo: ☐ pesquisador/a ☐ professor/a ☐ pós-graduando/a
   ☐ pós-doutorando/a ☐ aposentado/a
   ☐ sem vínculo   ☐ técnico/a ☐ outro: ....

Obs.: se o aposentado/a mantiver vínculo regular, mesmo que informal, com uma instituição, preencha normalmente a informação da instituição

Instituição: *(Universidade. Instituto de Pesquisa...)* ....
....

Unidade: *(Instituto, Faculdade...)* ....

Setor: *(Departamento, Seção...)* ....

Endereço:...

CEP:........................ Cidade:.......................... Estado.............................

Fone 1: ( )...................... Fone 2: ( )..................... Fax: ( ).....................

End. eletrônico 1:........................ End. eletrônico 2:.........................

melhor para contato rápido: fax ☐ *e-mail* ☐ fone ☐

pode receber/enviar documentos anexados *(attached)* por *e-mail?* ☐ sim

Obs.: ....
....
....
....
....

Membros de sua equipe de trabalho:

nome	titulação	vínculo (emprego, bolsa)	grupo que estuda

Data de preenchimento ou de atualização: .../.../199... (dia/mês/ano)

FICHA 2: AVALIAÇÃO DO CONHECIMENTO E CAPACITAÇÃO DO TÁXON

(1) Nome do/a informador/a..
(preencher ficha "Pessoas")
(2) Data da informação: ..../..../199.... *(dia/mês/ano)*
(3) NOME DO TÁXON ....
(escolha o nível taxonômico que achar mais relevante e preencha uma ficha para cada táxon)
□ Filo/ramo   □ Classe   □ Ordem   □ Família   □ ....
Observações: (ex.: "sensu lato, incluindo Blattária"; "segue Cronquist 1981")
(4) ESTADO DO CONHECIMENTO DO TÁXON
famílias neotropicais, em geral, são:
□ bem estabelecidas   □ ambíguas e exigem redefinição
gêneros neotropicais, em geral, são:
□ bem estabelecidos   □ ambíguos e exigem redefinição
famílias mais comuns/maiores no Brasil:
□ são adequadamente revistas   □ exigem revisão
gêneros mais comuns/maiores no Brasil:
□ são adequadamente revistos   □ exigem revisão
A identificação neste táxon, de modo geral:
□ exige comparação com tipos ou coleção de referência
□ pode ser feita pela literatura □ exige biblioteca extensa
□ é viável até gênero, difícil até espécie □ é viável até espécie
□ a separação em "morfoespécies" (sem identificação) é viável
Observações: ....
....

(5) CAPACITAÇÃO
Há especialistas no Brasil capacitados para identificar?
□ sim, em número suficiente; □ sim, em número insuficiente; □ sim, em pouquíssimo número; □ não
Liste taxonomistas representativos, capacitados para estudo/identificação de espécimes brasileiros. Caso necessário, inclua especialistas do exterior.

Nome	Instituição	Cidade/Estado/País	Grupo(s) que identifica

* indique com um asterisco aqueles que você considera importantes que sejam contatados por esta pesquisa

Existem pesquisadores/taxonomistas brasileiros, com capacitação comprovada no estudo/identificação da fauna brasileira, não absorvidos pelas instituições de pesquisa brasileiras ou desenvolvendo outro tipo de trabalho por falta de condições? ☐ sim; ☐ não.

É possível citar algum exemplo? (indique titulação – mestrado, doutorado, pós-doutorado...):

....

....

Comentários sobre capacitação..

....

(6) ACERVOS

Os acervos em coleções no Brasil são suficientes para o estudo/identificação do táxon?

☐ totalmente ☐ em grande parte (maioria das spp. comuns) ☐ em parte ☐ não

Liste, inclusive instituições ou coleções 'particulares', que mantêm acervos importantes deste táxon:

Instituição	Cidade/ Estado	Grupos melhor representados caso haja destaque	organizado?	curadoria?	informatizado?	acesso público?	Pessoa de contato p/ informação

* entende-se como 'particular' aquelas coleções sem vínculo com instituições governamentais, e não as coleções 'pessoais', mantidas por pesquisadores ou docentes dessas instituições.

Comentários sobre acervos: ....

....

Caso necessário, liste instituições no exterior que detêm as coleções mais importantes para identificação de material brasileiro deste táxon

Instituição	Cidade/Estado/País	Grupos melhor representados, caso haja destaque	Pessoa de contato p/ informação

Há no Brasil bibliotecas ou instituições com a literatura essencial para o estudo/identificação do grupo?

☐ sim ☐ em parte ☐ não

Onde? ....

....

120

Existem manuais/guias/chaves específicos para nossa fauna, acessíveis a estudantes de 3° grau e pesquisadores de outras áreas? ☐ sim, adequado para grande parte da fauna; ☐ sim, adequado apenas para parte da fauna; ☐ sim, em preparação; ☐ não; ☐ não há necessidade
Se sim, quais? *(cite o número de referência – REF# – da FICHA 4)*..................
....
....
....

Há pesquisadores no Brasil em condições de elaborar manuais/guias/chaves de identificação?
☐ sim, totalmente; ☐ sim, em colaboração com pesquisadores estrangeiros; ☐ não
Se sim, em quanto tempo? ☐ 1 a 2 anos ☐ 2 a 4 anos ☐ 4 a 6 anos ☐ outro:
Se sim, quem?
....
....
....

(7) PRIORIDADES PARA ESTE TÁXON
Em seu julgamento, o que você considera MAIS crítico? Assinale ambos, se for o caso
☐ Melhora de coleções e documentação ☐ Capacitação de pessoal
☐ Contratação de pesquisadores/taxonomistas/curadores ☐ Contratação de técnicos para cuidar das coleções
Assinale, abaixo, o que considera mais importante em relação a **acervos** e **formação de pessoal**
Acervos e documentação:

Organização de coleções existentes: ☐ Montagem ☐ Separação ☐ Identificação ☐ outros: Aumento de coleções existentes através de: ☐ aquisição ☐ coleta extensiva ☐ coleta direcionada ☐ intercâmbio de material ☐ outra: Formação de coleções de referência através de: ☐ visita de especialistas ☐ visitas ao exterior ☐ cooperação Formação de biblioteca de referência através de: ☐ aquisição ou cópia ☐ compilação ☐ outra: Financiamento de: ☐ revisões ☐ guias/manuais/ chaves ☐ outros: Outros: ....

Formação de pessoal:

> Um taxonomista neste grupo (tendo base geral em biologia e sistemática) pode ser formado:
> ☐ no Brasil ☐ no Brasil com orientação de fora ☐ só no exterior
> ☐ em 1 a 2 anos ☐ de 2 a 4 anos ☐ de 4 a 10 anos ☐ em mais de 10 anos
> Qual o número mínimo de taxonomistas para dar conta deste táxon no Brasil?
> Um biólogo ou técnico pode ser formado para reconhecer o táxon, separar espécies e identificar espécies comuns (inclusive coleta/preparação):
> ☐ no Brasil ☐ no Brasil com orientação de fora ☐ só no exterior
> ☐ em até 6 meses ☐ de 6 meses a 1 ano ☐ de 1 a 2 anos ☐ em mais de 2 anos

Comentários sobre prioridades: ....
....

(8) IMPORTÂNCIA DO TÁXON

O táxon é importante por incluir, ou ter potencial como/para:
☐ fonte de alimento ☐ pragas agroflorestais ☐ vetores de patógenos de culturas ☐ parasitos/predadores de pragas ☐ polinizadores ☐ parasitos humanos ☐ parasitos animais ☐ vetores de patógenos humanos ☐ vetores de patógenos de animais ☐ espécies peçonhentas ou venenosas ☐ espécies raras/ameaçadas de extinção ☐ pesquisa básica (filogenia, genética, fisiologia etc.) ☐ mapeamento/monitoração de áreas para manejo ou conservação ☐ indicadores de impacto ou perturbações ☐ identificação/produção de fármacos ou outros produtos ☐ interesse/valor especial para ecoturismo ☐ interesse/valor especial para educação ambiental
☐ outra importância econômica: ....
☐ outra importância de saúde pública: ....
☐ outra importância médica: ....
☐ outra: ....
☐ outra: ....

Você considera este táxon como prioritário para um programa de:
☐ Sistemática – por quê?
....
....

☐ Diversidade biológica (inclusive aplicações) – por quê?
....
....

Comentários sobre importância do táxon:
....
....

FICHA 3: DIVERSIDADE DO TÁXON

Preencha tudo que for possível. Nos blocos (B) e (C), escolha o formato mais apropriado para a informação de que dispõe.
Nome do/a informador/a: ....
(preencher ficha "Pessoas")
Data da informação ..../..../199.... *(dia/mês/ano)*
Nome do Táxon ....
(como na ficha Conhecimento do Táxon)
(A) TAMANHO TOTAL DO TÁXON
Preencha qualquer categoria para a qual tiver informação, ou para a qual possa fazer uma estimativa MESMO APROXIMADA. Um número único será tratado como estimativa média. De preferência, indique um número mínimo e máximo que darão uma ideia da precisão atual de estimativa. (América do Sul é alternativa para Neotropical, caso seja a única informação disponível)
Número de espécies:

	Brasil min. – max.	Neotropical min. – max.	Am. Sul min. – max.	Mundo min. – max.
conhecidas/descritas				
estimadas (total)				
fonte da informação: EP/REF#				

* fonte da informação: EP se for estimativa pessoal não publicada: inclua o número da referência (REF#) e preencha a respectiva referência na FICHA 4.
Observações sobre as estimativas...
....
....

(B) CONHECIMENTO E ESTIMATIVAS POR BIOMA OU TIPO DE HABITAT
Esta parte é para dar uma ideia do conhecimento deste táxon em diferentes categorias ecogeográficas.
Biomas (grandes unidades ecogeográficas que incluem diferentes fisionomias, ecossistemas etc.)
Informe número de espécies se possível.

bioma	grau de coleta: Ótimo/Bom/ Ruim/Nenhum	grau de conhecimento: Ótimo/Bom/ Ruim/Nenhum	n° spp conhecidas (min. – max.)	n° spp estimadas (min. – max.)	REFS # (preencha as refs. na FICHA 4)
Amazônica					
Mata Atlântica					

Cerrado					
Caatinga					
Pantanal					
Campos do Sul					

Observações sobre as estimativas: ....
....
....

Hábitats (são tipos de ambiente ou ecossistemas particulares. Por exemplo: **brejo; restinga; mata de galeria**.)
Caso haja estudos de hábitats específicos, informe abaixo (trata-se de conhecimento geral para um tipo de hábitat, não para uma só localidade). Informe número de espécies se possível.

hábitat	grau de coleta: Ótimo/**B**om/ **R**uim/**N**enhum	grau de conhecimento: Ótimo/**B**om/ **R**uim/**N**enhum	n° spp conhecidas (min. – max.)	n° spp estimadas (min. – max.)	REFS # (preencha as refs. na FICHA 4)

Observações sobre as estimativas: ....
....
....

(C) CONHECIMENTO E ESTIMATIVAS POR REGIÃO GEOGRÁFICA
Como complemento, ou alternativa, das informações acima, avalie a qualidade relativa de coleções e seu conhecimento em diferentes regiões do Brasil. Informe número de espécies se possível.

Região	grau de coleta: Ótimo/**B**om/ **R**uim/**N**enhum	grau de conhecimento: Ótimo/**B**om/ **R**uim/**N**enhum	n° spp conhecidas (min. – max.)	n° spp estimadas (min. – max.)	REFS # (preencha as refs. na FICHA 4)
Norte					
Nordeste					
Sudeste					
Centro-Oeste					
Sul					

Observações sobre as estimativas..
....
....

(D) ESPÉCIES AMEAÇADAS OU INTRODUZIDAS

Existem espécies comprovadamente extintas no Brasil? ☐ Sim. Quais? *(indique o número da referência – REF# – da FICHA 4)*.................................
☐ Possivelmente. Obs.: ....
☐ Não há dados a respeito. Obs.: ....
Existem espécies comprovadamente ameaçadas ou em vias de extinção? ☐ Sim.
Quais? *(indique o número da referência – REF# – da FICHA 4)*........
☐ Possivelmente. Obs.: ....
☐ Não há dados a respeito. Obs.: ....
Existem espécies comprovadamente introduzidas no Brasil? ☐ Sim. Quais?
(indique o número da referência – REF# – da FICHA 4)................................
☐ Possivelmente. Obs.: ....
☐ Não há dados a respeito. Obs.: ....

(E) CENSOS OU ESTIMATIVAS REGIONAIS/LOCAIS

Caso haja estudos específicos de uma localidade ou região geográfica definida, indique abaixo. Se houver muitos trabalhos, dê prioridade aos estudos mais completos ou representativos e liste os que considerar suficientes para informar o estado de conhecimento do grupo. Preencha as fichas o mais completamente possível, e uma ficha para cada estudo.

Estado: .... Município ou região: .... Localidade: ....
É unidade de conservação? ☐ Sim Nome da unidade.............................
localização *(coordenadas geográficas)* .....° .....'.....'' S ou N; .....° .....'.....'' W
tipo(s) de hábitat ou ecossistema...
☐ coleta ou listagem sem método definido ☐ inventário ou amostragem qualitativo
☐ inventário ou amostragem quantitativo ☐ ....
caso haja levantamento quantitativo –
método: ....
extensão da amostragem – total: .... unidade *(ex.: ha, horas de censo)*:
.... n° de unidades' ....
número de spp registrado: Número de spp total estimado............................
☐ espécies identificadas ☐ espécies separadas em morfoespécies
Referências *(REF#; preencha na FICHA 4)*: ....
Observações: ....
....

(F) DIVERSIDADE GENÉTICA

Há informações genéticas sobre o táxon no Brasil, de seu conhecimento?

☐ Sim ☐ Não ☐ Não tenho certeza

Método: De que tipo ou metodologia? Assinale todos os que souber:

☐ 1. Contagem de cromossomos ☐ 2. Cariótipo simples ☐ 3. Bandeamento de cromossomos

☐ 4. Isoenzimas ☐ 5. DNA – sequenciamento ☐ 6. DNA mitocondrial

☐ 7. RAPD ☐ 8. RFLP

☐ 9. estimativa de variância genética (herdabilidade)

☐ 10. outros: ....

Observações sobre métodos..

....

....

Se puder, indique pessoas ou instituições importantes ou representativas para investigação genética deste táxon:

Nome: .... Instituição: .... Setor: ....

Endereço...

Fone: .... Fax: .... *E-mail* ....

Observações (p. ex. área de pesquisa) ....

Pode acrescentar alguma indicação de trabalho importante ou representativo de diversidade genética? Se for de alguma subdivisão particular do táxon, indique qual:

Métodos *(da lista acima)* .... Táxon ....

Referências: .... *(preencha na FICHA 4)*

Existe alguma subdivisão taxonômica que concentre a maioria dos estudos genéticos disponíveis? Qual ou quais?

☐ Ordem ☐ Família ☐ Gênero Nome: ....

Referências: .... *(preencha na FICHA 4)*

Você tem (ou tem informação sobre) material deste táxon estocado *visando estudo genético posterior?*

Assinale todos os que você sabe:

☐ vivo (linhagens) ☐ vivo (congelado) ☐ em álcool ☐ seco ☐ outro: .....

Se for em outra instituição que a sua, indique:

Instituição: .... Setor: .... Pessoa: ....

Observações sobre material estocado: ....

....

....

FICHA 4: REFERÊNCIAS

Informador/a: .... Táxon: ....
Preencha uma ficha para cada referência. Inclua somente *referências-chave* (as principais) para a informação referida. Não pretendemos uma base de dados exaustiva da literatura. Não inclua referências, como Resumos de Congresso, que apenas mencionem o trabalho sem apresentar dados.

Número da referência: REF# ....

Autores *(Sobrenome, I.; Sobrenome, I.; .....)*: ....

Ano...........................

Título..

Tipo: ☐ artigo em periódico ☐ livro ☐ capítulo de livro ☐ trabalho em Anais de Congresso

☐ tese de mestrado ☐ tese de doutorado ☐ relatório impresso relatório não publicado

☐ outro..

Título do livro ou periódico *(inclusive Anais de Reunião)*:.........................

Organizador(es) do livro: ....

Local de publicação *(se for livro/relatório/tese)*:..............................

Volume (periódico): .... Páginas (inicial-final): ....

Caso seja tese ou relatório, pode indicar uma biblioteca onde haja cópia publicamente disponível? ....
....

Observações...
....

ANEXO 2
DIFICULDADES DE EXECUÇÃO
E SOLUÇÕES PARA SUPERÁ-LAS

Algumas das dificuldades específicas de realização do projeto foram comentadas sucintamente na Metodologia do projeto, junto com as descrições de fontes e procedimentos.

Neste anexo, discutimos em maior detalhe os problemas mais críticos encontrados para realização do trabalho e como buscamos resolvê-los.

Retorno de questionários

O conjunto de especialistas contactados pelos consultores deu uma taxa de retorno de formulários preenchidos bastante baixa, em torno de 20%. Diferentes fatores são responsáveis por isto:

- desgaste e confusão: muitos projetos recentes têm feito solicitações semelhantes a este, submetendo questionários de diferentes tamanhos (alguns são referidos na seção Projetos precedentes) – estas solicitações recaem, normalmente, nas mesmas pessoas, e algumas se negaram a responder por falta de tempo ou então não deram resposta;
- tamanho do questionário: a demanda de tempo para preenchimento foi maior do que o desejável; em retrospecto, é provável que um questionário mais compacto tivesse sido atendido por maior número de informadores;

- cumprimento de compromisso: a maioria dos especialistas contactados aceitou cooperar com o trabalho mas não retornou o formulário preenchido, apesar de repetidas solicitações.

Em relação a este problema, no entanto, deve-se notar que a dificuldade foi muito desigual entre diferentes componentes. Taxas de retorno muito elevadas foram obtidas para Invertebrados Marinhos e Invertebrados de Água Doce, em parte pela insistência dos consultores responsáveis, que também utilizaram eficientemente reuniões científicas para contatos e engajamento pessoal de especialistas. Baixos retornos foram obtidos para Microrganismos, Plantas e Vertebrados. Assim, isto só foi um problema em uma parte do levantamento de dados.

Como já mencionado, taxas de retorno abaixo de 20% são comuns em estudos deste tipo em qualquer parte do mundo (EWGRB, 1997). Se nosso questionário foi extenso, ficou ainda muito aquém dos 400 itens demandados no questionário que o Conabio mexicano utilizou para finalidades semelhantes (Jorge Llorente B., comunicação pessoal).

Para melhorar a taxa de retorno, discutimos a possibilidade de ressubmeter o pedido de preenchimento aos especialistas, porém como pedido oficial, formalizado por carta do Ministério do Meio Ambiente, firmada por Bráulio F. Dias. Esta carta foi redigida mas não chegou a ser assinada e utilizada.

Outra alternativa para lidar com o problema foi a substituição do questionário original por uma versão compacta, de uma página. Esta versão alternativa deveria ser utilizada para preencher lacunas de grupos para os quais não havia especialistas disponíveis ou dispostos a cooperar. Embora fosse preparada em 1998 e distribuída aos consultores, estes não chegaram a aplicá-la.

Em retrospecto, entendemos que o trabalho, se realizado hoje, ganharia em eficiência com as seguintes medidas:

- utilizar extensamente um questionário compacto (no máximo 3 pp.), concentrado na informação essencial, com campos de preenchimento facilitado; distribuir este questionário por meio de vários canais (contato pessoal, sociedades e reuniões científicas);
- utilizar questionário mais extenso com um número reduzido de informadores que trabalhem em grupos críticos ou que detenham informação mais extensa;
- contato pessoal continuado com este segundo grupo de informadores, até a obtenção da informação;
- disponibilização dos dois modelos de questionário em arquivo eletrônico distribuído em disquete e copiáveis diretamente pela Internet;

- análise completa de um conjunto piloto inicial de questionários, para sanar ambiguidades de formulação e de preenchimento (isto foi realizado, em parte, com o uso da versão preliminar do questionário na preparação do Projeto BIOTA-FAPESP).

Diretórios desatualizados

Não pudemos utilizar nenhum dos diretórios disponíveis (v. Tabela 5) para obtenção de números totais de especialistas ou estatísticas de sua distribuição geográfica, institucional ou especialidades. Embora de utilidade indiscutível para localizar pessoas determinadas ou interessadas em um dado tema, estes diretórios não se prestam às finalidades do presente projeto. Como indicamos em Métodos, cremos que o Diretório de Pesquisadores e Grupos de Pesquisa do Brasil v. 4, do CNPq, e o Quem é Quem em Biodiversidade do BIN-BR/BDT, são promissores, mas ainda não podem ser usados para perfis de conhecimento mais elaborados.

Acreditamos que, apesar da irregularidade da informação e as lacunas inevitáveis restantes, as compilações de pesquisadores e coleções produzidas pelos consultores do projeto com os respectivos especialistas consultados são representações mais acuradas e atualizadas do estado da arte sobre diversidade biológica. Neste sentido, a opção por buscar a informação diretamente com especialistas ativos e bem informados, ao invés de usar fontes institucionais ou secundárias, parece ter sido acertada.

Dificuldades de obter ou produzir estimativas de diversidade total, por bioma e por ambiente

Este problema foi o mais persistente, e também mais árduo, da realização do projeto. Identificamos diferentes razões que contribuem para dificultar este objetivo. A mais importante, seguramente, é a ausência real de informações necessárias. Para muitos grupos não se dispõe hoje sequer de urna contagem de nomes válidos conhecidos do Brasil. Em segundo lugar, nos grupos para os quais existe alguma informação do tipo requerido, com frequência trata-se de uma listagem parcial, de região geográfica por vezes mal circunscrita.

Em seguida, devemos destacar a dificuldade usual de referenciar espécies ou outros táxons a determinados biomas ou ambientes. Contribui para isto a falta de nomenclaturas bem estabelecidas e de uso generalizado, para unidades de ambiente. Este problema é especialmente acentuado em ambientes terrestres, onde diferentes sistemas classificatórios e conceituais coexistem de maneira confusa. Antes disto, porém, há o simples fato de que para a maioria dos espécimes em coleções brasileiras não há nenhuma informação associada – qualquer que seja sua qualidade – sobre ambiente, bioma ou ecossistema em que foram encontrados ou coletados. Consequentemente, para muitos táxons não há ainda o mínimo necessário de informação que permite associá-los a diferentes ambientes ou biomas.

Estimativas de riqueza e diversidade de espécies confiáveis dependem da extensão de amostragem em que são baseadas. Para aves e mamíferos no Brasil, as contagens totais são bastante confiáveis. Para a maioria dos outros táxons, inclusive plantas superiores e outros vertebrados, pode-se empregar diferentes estratégias para gerar estas estimativas, mas elas demandam sempre informação adicional: seja uma medida de esforço ou intensidade de amostragem, seja o número de espécies descritas em diferentes períodos. Utilizamos esta última abordagem em alguns casos exemplares (Figura 17), mas extrapolações diretas são pouco recomendáveis, sem atentar para a influência que um único projeto ou especialista podem ter em impulsionar a descrição de novas espécies em uma certa época.

Em suma, queremos insistir em que a dificuldade em obter estimativas mais abrangentes ou detalhadas decorreram menos de uma falha de abordagem deste projeto, do que refletem uma lacuna efetiva de conhecimento – falta ou inadequação de dados – que somente será suprida com trabalho adicional voltado para esta finalidade.

ANEXO 3
SUMÁRIO EXECUTIVO

BIODIVERSIDADE BRASILEIRA: SÍNTESE DO ESTADO ATUAL DO CONHECIMENTO

Thomas Michael Lewinsohn [*]
e Paulo Inácio Prado [**]

Este trabalho foi primeiramente proposto em 1997, no "Grupo de Trabalho de Biodiversidade do CNPq" Sua motivação inicial foi a falta de informação organizada sobre o conhecimento existente sobre diversidade biológica brasileira, como se verifica, por exemplo, no "Global Biodiversity", documento técnico fundamental utilizado na Conferência Rio-92. A realização do trabalho foi contratada em final de 1997 pela Secretaria de Biodiversidade e Florestas (então Coordenadoria-Geral de Biodiversidade) do Ministério do Meio Ambiente, com recursos do GEF/PNUD, como parte do desenvolvimento da Estratégia Nacional de Biodiversidade do Brasil. Os dados do projeto foram essencialmente obtidos do final de 1997 até o início de 1999 e foram organizados e analisados em 1999 e 2000.

O principal objetivo do projeto foi de traçar um perfil da capacitação atual e conhecimento sobre biodiversidade brasileira e, assim, subsidiar a definição de ações prioritárias para o desenvolvimento futuro deste conhecimento e seu aproveitamento para cumprir os compromissos assumidos pelo

---

[*] Departamento de Zoologia, Instituto de Biologia e Núcleo de Estudos e Pesquisas Ambientais, Unicamp.

[**] Núcleo de Estudos e Pesquisas Ambientais, Unicamp e Departamento de Ciências Ambientais, PUC-SP.

Brasil sob a Convenção de Diversidade Biológica, no âmbito internacional, e na Constituição Federal e legislação específica sobre meio ambiente, no âmbito nacional.

O trabalho foi desenvolvido com um grupo de consultores, cujas tarefas foram divididas por grupo taxonômico e/ou ambiente, aproveitando assim a familiarização e facilidades de contato entre especialistas que trabalham em táxons e/ou ambientes afins. Seguindo esta divisão, foram produzidos sete relatórios detalhados, que complementam este texto: diversidade genética; diversidade microbiana; invertebrados terrestres; invertebrados marinhos; organismos de água doce (exceto vertebrados); vertebrados; e plantas vasculares terrestres.

A principal fonte de informações foi um questionário, distribuído pelos consultores principais e seus colaboradores a especialistas de diferentes grupos taxonômicos, áreas de conhecimento e instituições. O objetivo do questionário foi obter informações recentes de especialistas sobre: condição da taxonomia dos grupos, estado de conhecimento da biodiversidade no Brasil e no mundo, importância do grupo, estudos genéticos, recursos humanos, estado e abrangência de coleções biológicas, e necessidades e prioridades para o avanço do conhecimento. O questionário foi estruturado para obter avaliações por especialistas com base em sua experiência; a maioria das perguntas propunha uma escala reduzida de alternativas qualitativas ou, quando possível, ordinais.

Embora desejável que o maior número possível de especialistas fornecesse dados, priorizou-se obter informação completa de ao menos um especialista ativo em cada grupo principal. Ao todo, foram contatados mais de 400 especialistas; questionários foram preenchidos (totalmente ou em parte) por 148 informadores e outros 27 prestaram informações adicionais sobre Vertebrados. Esta taxa de resposta é comparável à obtida por outros estudos semelhantes. As unidades taxonômicas sobre as quais os especialistas prestaram informações variaram de filo (mais frequente em invertebrados marinhos) até família (especialmente em Arthropoda terrestres), conforme o recorte da especialidade.

Outras fontes de dados examinadas para obter informações complementares incluíram bases de dados e diretórios de especialistas, informações na Internet, diversas bases bibliográficas em CD-ROM e Internet, e publicações.

Não há, até o momento, compilações extensivas o suficiente para uma contagem do número de espécies já registradas no Brasil. No entanto, pela primeira vez foi possível fazer uma estimativa, combinando-se as informações obtidas dos especialistas com inferências baseadas no percentual de espécies de alguns grupos conhecidas no Brasil em relação ao total mundial, ou em proporções intragrupo. Estimamos que no Brasil até o presente tenham sido registradas cerca de 200.000 espécies (num intervalo de 180 mil a 225 mil), a maior parte em grandes táxons, cuja catalogação de espécies conhecidas é ainda muito incompleta.

A diversidade dos táxons melhor conhecidos no país indica que o número de espécies do Brasil representa cerca de 14% da biota mundial. Extrapolando-se esta taxa para o total de espécies estimadas para o mundo em cada táxon, estimamos que haja no Brasil cerca de 2 milhões de espécies. Tal valor deve ser tratado como uma aproximação, dadas as imensas lacunas de conhecimento, mas sinaliza que a biodiversidade brasileira é cerca de dez vezes maior que a atualmente conhecida. Mesmo as estimativas mais moderadas sugerem que o número real de espécies seja seis vezes maior que o registrado hoje para o país.

As respostas de especialistas ao questionário do projeto indicam que, embora o Brasil se distinga por um sistema de recursos humanos e instituições extenso e consolidado, um conhecimento razoável de nossa biodiversidade demanda ainda um grande esforço, maior que o despendido até o momento. Como o número de espécies desconhecidas pode chegar a 10 vezes o atualmente estabelecido, serão necessários vários séculos para descrevê-las, caso seja mantido o ritmo atual de trabalho. Some-se a isto o fato de que as espécies ainda não descritas serão, tipicamente, de menor tamanho, menos conspícuas, e mais difíceis de amostrar.

A maioria dos táxons, gêneros, e muitas vezes famílias, necessitam de revisão. A identificação segura até o nível de espécie quase sempre necessita de taxonomistas e de coleções de referência. No entanto, as coleções biológicas brasileiras foram julgadas suficientes para trabalho apenas em 25% dos táxons avaliados, e totalmente inadequadas para 27%. Mesmo nas principais coleções a falta de curadores com vínculo efetivo é um problema crítico.

Bibliotecas científicas foram consideradas satisfatórias para estudo de 47% dos táxons e totalmente inadequadas para 7% deles. Parte das lacunas dos acervos bibliográficos deve-se à inexistência de literatura de identificação, como guias e chaves. Não há qualquer publicação desse tipo acessível para 35% dos táxons informados. Além disto, uma fração significativa (38%) da literatura considerada importante pelos próprios especialistas consultados foi publicada em formas de circulação bastante restrita, como teses e relatórios. No entanto, as respostas aos questionários indicam que no Brasil há pesquisadores capacitados a produzir guias de identificação para a maioria dos táxons, e que, em geral, estes poderiam ser completados num prazo de 4 a 6 anos.

Tanto as coleções como as bibliotecas tidas como melhores estão concentradas em poucas instituições, principalmente na região Sudeste. Quase 80% das coleções mais representativas, segundo os especialistas, estão nas regiões Sudeste e Sul. Sete instituições apenas abrigam metade de todas as coleções importantes referidas pelos especialistas; destas, quatro estão na região Sudeste, uma na região Sul e duas na Amazônia. Grandes institutos de pesquisa ou universidades guardam coleções múltiplas de plantas e animais, porém as coleções microbianas destacadas tendem a ser encontradas num conjunto de instituições distintas das demais.

O número de especialistas em atividade foi considerado insuficiente para a maioria dos táxons, e há muitos grupos importantes sem um único taxonomista ativo, principalmente entre os invertebrados. Apenas para 5% dos táxons os especialistas opinaram haver um número suficiente de pesquisadores no país. Da mesma forma como os acervos científicos e bibliográficos, a maioria dos especialistas – cerca de 80% – concentra-se nas regiões Sul e Sudeste do país.

A partir do número de especialistas em atividade e o número necessário informado nos questionários para vários grupos, estimamos que o número de taxonomistas no Brasil deveria ser, no mínimo, triplicado. Os questionários indicam que isto é possível por meio da formação de novos taxonomistas e da contratação de profissionais já formados. Na avaliação dos informadores, isto pode ser feito a curto prazo e predominantemente com competência técnica já existente no país, se garantidas as condições materiais.

O grau de coleta foi considerado deficiente para a maioria dos biomas brasileiros em todos os táxons, com exceção de plantas vasculares. Em termos relativos, a Mata Atlântica é o bioma melhor conhecido e cujo grau de amostragem e estudo é tido como razoável a bom no maior número dos táxons avaliados de plantas, vertebrados e invertebrados terrestres. No outro extremo, a Caatinga e Pantanal são biomas considerados mal amostrados e mal conhecidos para a grande maioria dos táxons avaliados.

Um levantamento bibliográfico dos últimos 15 anos indica que os inventários de espécies no Brasil concentram-se muito em alguns grupos taxonômicos, não necessariamente os menos conhecidos. Além disto, 60% dos inventários foram feitos nas regiões Sul e Sudeste, e metade dos realizados em áreas naturais foram feitos nos biomas da Mata Atlântica ou Amazônia. Destaca-se, ainda, a elevada proporção de inventários em ecossistemas modificados pelo uso humano, cerca de 1/3 do total de publicações, focalizando principalmente táxons de importância médico-veterinária ou agrícola.

As ações prioritárias mais frequentemente apontadas para o avanço do conhecimento, em todos os grupos considerados, foram, em primeiro lugar, a melhoria de coleções (seja pelo estudo e organização dos acervos existentes, seja pela expansão deste acervo através de coletas direcionadas) e, em segundo, a contratação de técnicos de suporte para as coleções. A contratação de pesquisadores foi destacada com maior frequência para invertebrados terrestres e vertebrados, enquanto a capacitação de pesquisadores foi especialmente destacada em invertebrados marinhos.

Virtualmente todos os táxons informados foram apontados como prioritários para estudos de diversidade, pelos seus especialistas, justificando-se principalmente com a falta de conhecimento da diversidade e/ou biogeografia do grupo no Brasil, e pela sua importância ecológica e econômica. A maior parte dos táxons informados (85%) também foi considerada prioritária para estudos sistemáticos. Segundo os questionários, o principal objetivo desses estudos sistemáticos ainda é o inventário e descrição das espécies existentes no Brasil, ressaltando o pequeno grau de conhecimento que temos hoje de nossa biodiversidade.

Na avaliação da importância dos táxons, o item mais citado foi a relevância para pesquisa básica (83% das unidades taxonômicas informadas), embora a maioria das categorias específicas destacadas seja de cunho aplicado. As categorias de importância variaram muito entre grupos de organismos, conforme as singularidades dos modos de vida e da ecologia de cada um desses grupos.

Para o levantamento de pesquisadores e produção de diversidade genética, os grupos de pesquisa e sua produção científica foram separados segundo os métodos empregados para estimativa de variabilidade genética. Foi encontrado um número expressivo de grupos de pesquisa. Embora vários deles empreguem métodos menos eficientes e parcialmente obsoletos, este é um problema relativamente secundário e superável. O principal problema nesta área é que poucos pesquisadores estão diretamente interessados em investigar diversidade genética em populações naturais. Por exemplo, não localizamos qualquer estudo sobre variabilidade ou diversidade genética em felídeos, apesar de seu alto interesse de conservação. Para a diversidade genética, a ação prioritária parece ser a de motivar e atrair grupos de pesquisa capacitados para se voltarem a questões e táxons relevantes para o entendimento da diversidade biológica.

Em seu conjunto, os resultados mostram um nível muito insatisfatório, embora bastante heterogêneo, de conhecimento da biodiversidade no Brasil e de recursos para fazer avançar este conhecimento. Perante este quadro e as demandas urgentes de informação de biodiversidade, os objetivos de investigação e capacitação para o futuro devem ser estabelecidos com uma estratégia abrangente e clareza quanto aos usos pretendidos desta informação. São sugeridas diversas ações cujas prioridades e detalhamento devem se adequar ao estado de conhecimento de cada grupo taxonômico e que são exemplificadas abaixo:

♦ Utilização do conhecimento e capacidade existentes:
- Estudo detalhado de material existente em coleções, priorizando grupos com bons acervos e taxonomia sólida: publicação eletrônica de catálogos e *check-lists;*
- Estímulo à produção e publicação de revisões taxonômicas e de guias de identificação, valorizando guias acessíveis a não especialistas, técnicos, professores etc.;
- Consolidação da infraestrutura material e técnica dos acervos, destacando a necessidade de curadores e pessoal técnico com vínculo efetivo;

♦ Novas iniciativas:
- Criação e fortalecimento de núcleos regionais, especialmente nas regiões Nordeste e Centro-Oeste, engajando-os em projetos nacionais ou regionais de inventariação e monitoramento em parceria com instituições consolidadas;
- Realização de novos inventários em regiões e hábitats pouco conhecidos, sempre com georreferenciamento e métodos que permitam análise comparativa e quantitativa;
- Aplicação de tecnologias bioinformáticas para acelerar a catalogação e difusão do conhecimento sobre biodiversidade e facilitar seu acesso e uso;
- Integração a iniciativas internacionais, especialmente as que fomentarem parcerias com instituições com acervos importantes e especialistas em biota neotropical.

ANEXO 4
EXECUTIVE SUMMARY

BIODIVERSITY OF BRAZIL: A SYNTHESIS OF THE CURRENT STATE OF KNOWLEDGE

Thomas Michael Lewinsohn[*]
and Paulo Inácio Prado[**]

This project was conceived in 1997 in the Biodiversity Working Group, an independent advisory board attached to CNPq, the Brazilian National Research Council. It was initially motivated by the lack of organized information on the existing knowledge of Brazilian biological diversity, as attested for instance in scarce information on Brazil found in "Global Biodiversity", the chief global survey prepared for the Rio-92 Conference. The project was contracted at the end of 1997 by the Section of Biodiversity and Forests (then the General Bureau of Biodiversity) of the Ministry of the Environment of Brazil, with GEF/UNDP funds, as part of the development of the Brazilian National Biodiversity Strategy. The data for the project were mostly collected from the end of 1997 to early 1999 and were organized and analyzed in 1999 and 2000.

The central objective of the project was to produce a profile of the current capacity and knowledge on Brazilian biodiversity and therefore to assist the choice of priorities for the further development of this knowledge and its application, thus fulfilling the international obligations

---

[*] Departamento de Zoologia. Instituto de Biologia e Núcleo de Estudos e Pesquisas Ambientais, Unicamp.

[**] Núcleo de Estudos e Pesquisas Ambientais, Unicamp e Departamento de Biologia. PUC-SP.

assumed by Brazil under the Convention for Biological Diversity and, internally, under the Federal Constitution and the specific legislation on the environment.

The work was carried out with a group of consultants, whose tasks were allocated by a combination of taxonomical and environmental categories, so as profit from familiarity and ease of access to specialists working on similar groups and environments. This subdivision resulted in seven detailed reports that complement this text: genetic diversity; microbial diversity; terrestrial invertebrates; marine invertebrates; freshwater organisms (except vertebrates); vertebrates; and terrestrial vascular plants.

The key information source was a questionnaire, distributed by the main project consultants and their collaborators to specialists on various taxonomic groups and areas of knowledge and from different institutions. The purpose of the questionnaire was to obtain information on: the current status of the taxonomy of each group; the state of knowledge of its diversity in Brazil and the world; extent of sampling in different biomes, habitats or geographic regions of the country; the value of each group for different applications and lines of interest; genetic studies of or within the group; current human resources; state and extent of biological collections; and needs and proposed priorities to advance knowledge of the group. The questionnaire was structured to elicit evaluations by specialists based on their experience; most questions offered choices on a reduced scale of qualitative or, whenever possible, ordinal alternative answers.

Although it would be desirable to get responses from the maximum number of specialists, the chosen goal was to obtain a full set of answers from at least one active specialist in each main group. In all, more than 400 specialists were contacted; questionnaires were returned (with full or partial answers) by 148 and 27 more provided supplementary information on vertebrates. The rate of returned answers is comparable to that of other similar studies. The taxonomic entities on which each specialist provided information varied from phylum (most common in marine invertebrates) to family (especially within terrestrial arthropods), according to the usual level of specialization within each group.

Other sources examined for additional information included databases and various directories of specialists on the Internet, several bibliographic databases on CD-ROMs or the Internet, and various reports and other publications.

There are, at present, no sufficiently comprehensive compilations to count the number of species recorded in Brazil. Nonetheless, we

140

produced for the first time an estimate combining information obtained from specialists and the literature with inferences based on the known percentage of Brazilian species versus world totals in some better-known groups or on intragroup proportions. We estimate that till now roughly 200,000 species (within an interval of 180 to 225 thousand) have been recorded in Brazil, most of them in large taxa whose species listings are still quite incomplete nonexistent.

The diversity of better-known taxa in the country indicates that Brazilian species correspond to circa 14% of the world's biota. Applying this ratio to the estimated global number of species in major taxa, we estimate the total species diversity of Brazil on the order of 2 million species. This figure has to be understood as a first approximation given the significant gaps in our knowledge, but it leads us to expect Brazilian biodiversity to be about ten times larger than what is currently known. Even with conservative estimates the expected total species diversity in Brazil is six times the currently recorded number.

The responses of specialists to our survey show that, though Brazil has a substantial and well-established set of institutions and human resources, to attain a reasonable level of knowledge of the country's biodiversity would require a substantial additional effort, larger than all the work done heretofore. If the number of unknown species is indeed 10 times the currently known ones, at the present rate of study it would take several centuries to attain adequate coverage of all groups. To complicate matters further, in most taxa clearly the undescribed species are smaller, less conspicuous and harder to collect or sample than the ones already known.

According to specialists, in many taxa the Brazilian or Neotropical genera, and sometimes families, are not well established and in need of revision. In most taxa, species can only be identified or sorted reliably by specialists, with the help of reference collections. However, Brazilian biological collections were deemed sufficient for study of only about 25% of taxa, and considered totally inadequate for 27% of them. Even major collections have a critical deficit of curators in their permanent staff.

Scientific libraries were considered satisfactory to work on 47% of the evaluated taxa, and totally inadequate for 7%. A particular gap in the scientific literature is the lack of identification guides and keys; none of these is seemingly available for 35% of the taxa no which information was obtained. Moreover, a substantial part (38%) of studies deemed important by specialists is published as theses or reports that are hard to obtain. Nonetheless, answers to our survey indicate that for most taxa there are Brazilian researchers capable of producing identification guides which could mostly be completed within 4 to 6 years.

Most important collections and libraries are concentrated in few institutions, chiefly located in the Brazilian Southeast. Almost 80% of the better collections, according to specialists, are located in the Southeast and South. Half of the most important collections referred to by specialists are harbored in only seven institutions; four of these are in the Southeast, one in the South and two in the North. Larger research institutes and universities accommodate several collections of animal and plant taxa, but the outstanding microbial collections tend to be harbored in a distinct set of institutions than other biological collections.

The number of specialists in activity was judged insufficient for the vast majority of taxa, and there are several important groups, especially within the invertebrates, where not a single active specialist could be located in Brazil; only for 5% of the evaluated taxa did the consulted specialists believe that there are enough researchers in the country. Similarly to collections and libraries, specialists are massively concentrated (ca. 80%) in the South and Southeast.

From the number of currently active specialists and the figures in responses to our survey for several taxonomic groups, we estimate that the number of taxonomists in Brazil has to be at least tripled. Survey responses indicate that this is feasible by training new taxonomists and employing available professionals. According to our respondents this can be accomplished in the short term and by professionals in Brazil, given the necessary material conditions.

Sampling extent in most Brazilian biomes was considered insufficient for all taxa, except for vascular plants. Relatively speaking, the Atlantic Forest is the best studied biome and it is judged to be reasonably to fairly well sampled for most vascular plant, vertebrate and terrestrial invertebrate taxa. At the other extreme we find the Caatinga and the Pantanal, biomes that are judged to be poorly sampled and badly known for the great majority of evaluated taxa.

A literature survey of the last 15 years showed that species inventories in Brazil are very concentrated on a few taxa and not necessarily those least known. Again. 60% of the inventories are within the Southeast and South, and half of the studies in natural systems concentrated on the Atlantic Forest or Amazon biomes. A remarkably high proportion of all inventories, circa 1/3 of all published studies, were carried out in ecosystems modified by human action and most of these focused on taxa of medical or agricultural interest.

Priorities most frequently chosen in all groups to enhance knowledge were, firstly, the improvement of collections (by either studying and organizing existing holdings, or by expanding them through planned collecting) and, secondly, by increasing technical support staff. Employment of researchers was most commonly indicated as a priority for terrestrial invertebrates and vertebrates, whereas capacity building through taxonomist training was most often indicated for marine invertebrates.

Virtually all taxa included in survey responses were prioritized for biodiversity studies by their specialists who asserted either the need of further understanding of the diversity and biogeography of the group in Brazil, or its ecological and economic importance. Most taxa mentioned in survey responses (85%) were also considered of high priority for systematic studies. Survey responses indicate that the main goal of systematic studies still is the inventory and description of species that occur in Brazil, and so emphasize how limited our current knowledge of Brazilian biodiversity still is. In evaluating the importance of different taxa, the majority (83% of those informed) was seen as relevant for basic research, although most specific choices picked by responses pointed at applied reasons.

The survey of researchers on genetic diversity was conducted with a separate survey. Research groups and publications were sorted according the main techniques employed to assay genetic variability. A sizable number of research groups were located, even though several are employing less effective or partly obsolete methods. This, however is a rumor problem. The key difficulty is that few researchers are directly concerned with investigating genetic diversity in natural populations. For example, no study of genetic variability in felines could be found, even though this is a group of high conservation concern. To further our knowledge of genetic diversity, the main priority would thus seem to be to motivate and attract research groups to turn towards questions and taxa most relevant to the understanding of biological diversity.

Taken as a whole, our results show a still very unsatisfactory, although quite uneven, general level of knowledge of biodiversity in Brazil, as well as of the resources to further this knowledge. Given this picture and the urgent need of information on biodiversity, goals for future investigation and capacity building have to be set with a comprehensive strategy and a clear understanding of the intended use of this information. Within such an approach we suggest several actions, whose priorities and particulars have to be fit to the current state of knowledge and potential of each taxonomic group. Some of these are exemplified below:

♦ Use of existing knowledge and capacity:
- Detailed study of available collections, prioritizing well-represented groups with solid taxonomy; quick electronic publication of catalogs and check-lists;
- Encouraging the production and publication of taxonomic revisions and identification guides, especially those accessible to non specialist technicians, teachers etc.;
- Consolidation of material and technical infrastructure of collections, and especially establishing permanent positions for curators and technicians.

♦ New initiatives:
- Establishing and strengthening regional centers, especially in the Northeast and Western regions, including them in national or regional projects for biodiversity inventory or monitoring in collaboration with experienced groups;
- New inventories in little-known regions and habitats with georeferencing and sampling procedures that allow comparative and qualitative analyses;
- Deployment of new bioinformatic technologies to speed up the cataloging and diffusion of biodiversity knowledge and to facilitate its access and use;
- Joining international initiatives, especially those that foster partnerships with institutions with strong collections and researchers experienced in Neotropical biota.

ANEXO 5
RESUMOS DOS ESTUDOS SETORIAIS

AVALIAÇÃO DO ESTADO ATUAL DO CONHECIMENTO SOBRE A BIODIVERSIDADE GENÉTICA NO BRASIL

Louis Bernard Klaczk[*]

A Genética pode ser didaticamente dividida em cinco áreas de acordo com as abordagens usadas e com o material investigado: a Citogenética; a Genética Molecular: a Genética Bioquímica (Isozimas): Genética Quantitativa (Caracteres Quantitativos) e a Genética de Populações (Polimorfismos).

Para fazer uma avaliação do estado atual do conhecimento sobre a biodiversidade genética no Brasil, foi elaborado um formulário composto de sete fichas. A primeira ficha coleta dados sobre o pesquisador, membros da equipe e instituição. A última é preenchida com as referências bibliográficas do trabalho do grupo. As demais correspondem a cada uma das cinco áreas da Genética.

Em cada uma delas há espaço para colocar os táxons estudados; identificação de Família e Ordem: localidades estudadas; hábitats; citação das referências relevantes, e uma breve descrição dos principais resultados e conclusões. Além disto, há dois campos para obter informações mais dirigidas, isto é, onde o informante deve selecionar as respostas entre uma série apresentada. Eles são objetivos e métodos. Para os objetivos buscou-se fazer uma série que aumentasse progressivamente o grau de complexidade da

---

[*] Departamento de Genética e Evolução, Instituto de Biologia. Unicamp.

caracterização da variabilidade genética. Por exemplo, nos estudos interespecíficos, podia-se assinalar a caracterização de cada espécie, as comparações entre espécies e as inferências filogenéticas. Para os métodos, buscou-se igualmente fazer uma lista que representasse métodos com complexidade e/ou grau de informação crescentes.

Para a coleta dos dados utilizamos inicialmente os Resumos publicados do 42° Congresso da Sociedade Brasileira de Genética (1996) cujo tema foi Biodiversidade Genética. Deles foram retiradas as informações para preencher 242 fichas no total: 142 de Citogenética; 34 de isozimas; 40 de Genética Molecular; 22 para Caracteres Quantitativos e 4 para Polimorfismos.

Depois de testar o formulário usando os Resumos do Congresso, ele foi enviado a 80 pesquisadores, líderes de grupos de pesquisa no País. A lista de pesquisadores foi elaborada a partir do trabalho prévio com os Resumos verificando os pesquisadores com contribuição na área. Além disto, foram pesquisados os Bancos de Dados: "Diretório dos Grupos de Pesquisa no Brasil – versão 2.0" e "Diretório Prossiga", ambos do CNPq.

No total dos 80 pesquisadores consultados, 33 responderam preenchendo formulários (frequentemente várias fichas cada um). Aproximadamente 60% das respostas vieram de São Paulo, 10% do Rio Grande do Sul e o restante de Minas Gerais, Rio de Janeiro e Paraná. No total foram preenchidas 106 fichas: 42 de Citogenética; 17 de Isozimas; 24 de Genética Molecular; 20 de Caracteres Quantitativos e 3 para polimorfismos. Como foram poucas as fichas obtidas sobre polimorfismo elas não serão discutidas aqui.

Citogenética

Os métodos da Citogenética podem ser divididos em três ou quatro categorias de complexidade e/ou quantidade de informação. Analisando o banco de dados dos Resumos do Congresso da SBG encontrei entre 141 fichas com respostas informativas: 36% correspondendo a trabalhos em que se está obtendo a informação mais simples; 57% com técnicas envolvendo bandeamento (ou similares) que fornecem um grau maior de informação, e 6% com técnicas que têm maior grau de definição (politênicos e hibridização *in situ*). No banco de dados das fichas preenchidas pelos pesquisadores (43) encontrei: 38% usando hibridização *in situ*; 14% analisando cromossomos politênicos; 39% com algum tipo de bandeamento e 12% com cariótipo simples ou contagem dos cromossomos.

146

Quanto aos objetivos, encontramos 33 resumos ligados ao estudo da variação interespecífica, sendo que 12 buscando fazer inferências filogenéticas e os 21 restantes apenas comparações entre espécies. O estudo da variação intraespecífica ficou caracterizado em 25 resumos, sendo que 18 são descrições da variação intrapopulacional e comparações entre populações, 3 caracterização da variação geográfica e 4 buscando clines. No total, 52% dos trabalhos têm objetivo estritamente descritivo e 17% têm objetivos interpretativos. Nas respostas dadas pelos pesquisadores, 37 fichas estavam ligadas ao estudo da variação interespecífica, sendo que a grande maioria (81%) buscando fazer inferências filogenéticas e apenas uma minoria (19%) se limitava a fazer apenas comparações entre espécies.

Isozimas

Pode-se considerar que, para trabalhos que pretendam medir variabilidade genética, um bom número de locos estudado seja superior a 20. Entre 10 e 20 pode ser visto como razoável e menor que 10, pequeno. Da mesma forma, pode-se admitir que um número de sistemas acima de 20 é excelente, entre 10 e 20 bom, entre 5 e 10 razoável.

Nos 34 Resumos da SBG foi relatado o uso de 132 sistemas enzimáticos, com média de 8,1 por trabalho. Do total, 36% usaram menos de 5 sistemas; 36% entre 5 e 10; e 34% usando mais de 10. O número médio de locos estudados por trabalho foi de 12,1 sendo que 42% dos trabalhos analisaram menos de 10; 32% entre 10 e 20 locos; e 26% mais de 20 locos.

Num total de 17 formulários com respostas válidas dadas pelos pesquisadores foi relatado o uso de 180 sistemas, com média 11,3; sendo que 11% com até 5 sistemas; 33% usando entre 5 e 10; e 50% entre 10 e 20. O número médio de locos estudados por trabalho foi de 20; sendo 9 trabalhos analisando de 10 até 20 (inclusive), e 7 analisaram 20 ou mais locos.

Dos 34 resumos da SBG, 11 tinham por objetivo estudar a variação interespecífica, dos quais apenas 4 pretendiam fazer inferências filogenéticas. Dos 22 resumos restantes, 5 tinham por objetivo a comparação de populações e todos os demais (representando 72%) são apenas descritivos.

Para as respostas dos pesquisadores, dos 17 formulários recebidos, 10 tinham por objetivo estudar a variação interespecífica, dos quais metade pretendia fazer inferências filogenéticas e metade comparações entre espécies. Dos 7 restantes, 5 tinham por objetivo estudar a estrutura de populações, ou buscar clines, ou correlação com variáveis ambientais, enquanto apenas 2 eram apenas descritivos. No total, 40% tinham objetivo basicamente descritivo.

Genética Molecular

A análise dos objetivos nos 40 resumos da SBG revelou que dos 23 que se propunham a estudar a variação interespecífica, 83% eram para inferências filogenéticas. No total 25% tinham objetivos descritivos. Já nos formulários preenchidos pelos pesquisadores os objetivos eram em 75% sobre variação interespecífica, sendo todos para inferências filogenéticas; e 17% tinham objetivos mais descritivos.

Dos 38 resumos com respostas informativas, 53% usaram como método o sequenciamento, que é a técnica mais sofisticada e informativa da Biologia Molecular; 26% trabalharam com RFLP ou microssatélites ou outras técnicas e 24% com RAPD (a menos informativa das técnicas). Dos 24 formulários retornados, 74% usaram o sequenciamento; 25% RFLP, microssatélites ou outras técnicas; e 4% apenas com RAPD.

Características Quantitativas

Entre os 22 resumos examinados 50% usaram análises estatísticas multivariadas, 27% fizeram experimentos em condições ambientais controladas ou a análise de estirpes endocruzadas. Já entre as 20 respostas dadas pelos pesquisadores, 60% relatavam o uso de análise multivariada e 25% usavam seleção artificial, marcadores, análise de estirpes ou experimentos em condições controladas.

Nas 20 fichas preenchidas pelos pesquisadores consultados, 10 relataram ter como objetivo a análise interespecífica: 7 inferência filogenética e estudo de híbridos; 3 comparação entre espécies. As outras 10 relacionadas a estudos intraespecíficos: 4 pretendiam estimar a herdabilidade; 5 eram descritivos (variação intrapopulacional ou geográfica): e 1 estudar o significado biológico. Isto é, no total. 35% eram basicamente descritivos.

Conclusões

O processo de coleta de informações para a preparação desta avaliação foi duplo: a utilização de resumos de Congresso da SBG e a consulta a pesquisadores. É difícil estabelecer *a priori* qual dos dois conjuntos de dados melhor representa a comunidade científica brasileira. Cada um deles tem seus vieses. Os pesquisadores consultados certamente estão entre o que há de melhor no País. Estes dados deverão superestimar a qualidade do que se faz, mas, eles estão provavelmente sinalizando nosso limite.

Quando comparamos os resultados dos dois conjuntos de dados verificamos que é isto que de fato ocorre. Por exemplo, na Citogenética, entre os Resumos da SBG as técnicas mais simples são mais usadas (cariótipo simples ou apenas contagem de cromossomos) que as mais sofisticadas (hibridização in situ), enquanto que nas respostas dos pesquisadores este padrão está invertido. Semelhantemente, a maioria dos resumos tinham objetivos estritamente descritivos (52%) enquanto que este número se reduz nas fichas preenchidas pelos pesquisadores (30%). A proporção de trabalhos buscando fazer inferências filogenéticas – ao invés da simples comparação entre espécies – na análise da variação interespecífica, aumenta de 36% para 81% nos dois conjuntos de dados. Este padrão geral está presente nas outras áreas.

Nos estudos de isozimas, nos resumos da SBG o número médio de locos analisado é 12,1; sendo que 42% dos trabalhos analisaram menos de 10 locos. Nas respostas dadas pelos pesquisadores o número médio de locos analisado é 20 – aliás, este é exatamente o mesmo número numa revisão feita por Avise (1994)! – e todos relataram usar pelo menos 10 locos.

Para a Genética Molecular, destaca-se que 74% entre as respostas dadas pelos pesquisadores relatam usar sequenciamento e que todos os trabalhos sobre variação interespecífica são para inferências filogenéticas. Isto mostra que provavelmente este é o campo da Genética que está utilizando as metodologias mais modernas à sua disposição.

Os dados de estudos dos caracteres quantitativos são um conjunto até certo ponto heterogêneo. Deve-se notar, no entanto, que em ambos os casos, nenhuma das respostas acusava o objetivo de estudar QTLs (locos de características quantitativas), e poucas faziam correlações com variáveis genéticas. E estes são justamente os tópicos mais modernos no campo e representam a síntese desejada entre fenótipo e genótipo.

Em relação aos grupos estudados nota-se grande concentração dos trabalhos em alguns táxons. Nos animais, por exemplo, o trabalho relatado concentra-se sobre alguns grupos: Aves, Insetos (Diptera, Homoptera, Hymenoptera, Lepidoptera), Moluscos, Mamíferos (Artiodactyla, Carnivora, Chiroptera, Marsupialia, Primata e Rodentia) e Peixes.

AVALIAÇÃO DO ESTADO ATUAL DO CONHECIMENTO SOBRE A DIVERSIDADE MICROBIANA NO BRASIL

Gilson P. Manfio[*]

Na pesquisa realizada, foi avaliado o estado de conhecimento sobre a diversidade de microrganismos no Brasil, englobando arqueas, bactérias, fungos filamentosos e leveduras, protozoários e vírus. As fontes de consulta incluíram questionários enviados para pesquisadores especializados nos diferentes grupos de organismos, bem como consultas às bases de dados on-line "Quem é Quem em Biodiversidade" (http://www.bdt.org.br/queme-quem/biodiversidade/, Base de Dados Tropical, Fundação André Tosello), "Cadastro Nacional de Competência em Ciência e Tecnologia" (http://cnct. cesar.org.br/Welcome.html, CNCT, MCT/PADCT) e "Diretório dos Grupos de Pesquisa no Brasil" (http://www.cnpq.br/gpesq2/, MCT/CNPq).

Os questionários enviados para 91 profissionais, identificados como líderes de grupos nas áreas de bacteriologia, micologia, virologia, microbiologia de solos, microbiologia médica, microbiologia de alimentos, microbiologia industrial e de fermentações e genética molecular, resultaram em retorno limitado (~7%). O levantamento foi então complementado com a análise dos dados do "Diretório dos Grupos de Pesquisa no Brasil", correspondentes ao esforço de coleta do segundo semestre de 1995, e cruzamento

---

[*] Centro de Pesquisas Químicas, Biológicas e Agrícolas, Unicamp, Campinas.

de informações com listas de publicações científicas de pesquisadores brasileiros em revistas indexadas nos últimos 10 anos.

Segundo dados do CNPq, existia no Brasil em 1995 um total de 2.190 pesquisadores atuantes em Microbiologia, alocados em 136 instituições, concentradas principalmente na região Sudeste (104), seguido pelas regiões Sul (11), Nordeste (11), Norte (7) e Centro-Oeste (4). Das 957 linhas de pesquisa identificadas, a grande maioria correspondia a pesquisas na área de Biotecnologia (464), seguida das áreas de Saúde (451), Ciências Ambientais (160), Produção Animal (74) e Vegetal (58), Nutrição e Alimentação (47) e Indústria Farmacêutica (44).

Através da análise das linhas de pesquisa e publicações dos diferentes grupos de trabalho identificados, pôde-se concluir que a atividade de pesquisa em diversidade microbiana, e, consequentemente, o conhecimento da diversidade de microrganismos no Brasil, são ainda bastante limitados. Do relativamente reduzido número de grupos de pesquisa identificado, a grande maioria realiza trabalhos de caracterização taxonômica clássica e identificação de microrganismos isolados. O emprego de metodologias de caracterização molecular, voltadas para o estudo de comunidades microbianas no meio ambiente e para a caracterização da diversidade genética infraespecífica de microrganismos, foi identificado em 6 grupos de pesquisa no país, ainda em estágio inicial de formação e consolidação de equipes.

Estima-se, em nível global, que a diversidade de microrganismos excede em algumas ordens de magnitude a diversidade de plantas e animais. Levantamentos estimativos têm proposto que apenas 5% da diversidade de fungos é atualmente conhecida, com aproximadamente 69.000 espécies descritas. Para procariotos, incluindo bactérias e arqueas, são conhecidas 4.314 espécies, alocadas em 849 gêneros, correspondendo a entre 0.1 a 12% da diversidade do grupo. Protozoários e vírus apresentam cerca de 30.800 e 5.000 espécies descritas, correspondendo a 31% e 4% do número de espécies estimado, respectivamente.

A diversidade taxonômica de gêneros/espécies de microrganismos no Brasil é mais amplamente conhecida e melhor documentada para os grupos de fungos filamentosos, com uma literatura diversificada, incluindo revisões taxonômicas e levantamentos de espécies em diversas regiões e ecossistemas do país, contudo limitadas a um número reduzido de táxons. A diversidade de arqueas, bactérias, leveduras, protozoários e vírus é ainda muito pouco conhecida. Publicações para estes grupos restringem-se principalmente à caracterização e estudos de isolados de interesse médico e fitopatógenos.

152

Na análise dos dados do levantamento, pode-se perceber claramente que o conhecimento da diversidade de microrganismos no Brasil é ainda pouco expressivo. Existe uma necessidade premente de recursos humanos com formação em taxonomia nas diversas áreas de estudo, sobretudo em taxonomia polifásica, sistemática molecular e métodos de estudo de comunidades microbianas no meio ambiente (ecologia molecular). Nos últimos anos, alguns esforços direcionados de fomento à pesquisa e indução de áreas específicas de formação de recursos humanos, tais como o Programa Biota-FAPESP, o Programa Induzido de Microbiologia (PIM, CNPq), e chamadas específicas do PADCT, têm contribuído diretamente para o desenvolvimento de estudos de caracterização da diversidade microbiana e para o fortalecimento de pesquisa em sistemática e taxonomia de microrganismos no Brasil.

CONHECIMENTO DE DIVERSIDADE DE PLANTAS TERRESTRES DO BRASIL

*George J. Shepherd**

O Brasil é quase certamente o país mais diverso do mundo quanto a plantas terrestres, possuindo entre 15 e 20% de todas as espécies conhecidas. Este valor representa uma fração substancial da diversidade total do globo, mas, junto com uma condição privilegiada, impõe ao Brasil uma grande responsabilidade na exploração, utilização e preservação da biodiversidade terrestre.

Este relatório discute o que é conhecido desta diversidade e tenta avaliar a capacidade de lidar com ela em termos de infraestrutura e possibilidade humana.

Plantas terrestres são tratadas aqui em quatro grandes grupos: Briófitas, Pteridófitas, Gimnospermas e Angiospermas.

As **Briófitas** são plantas relativamente pequenas, delicadas e são representadas no Brasil por aproximadamente 3.100 espécies – cerca de 22% do total de espécies conhecidas. O país possui assim uma proporção muito alta da flora de Briófitas mundial. O número de profissionais ou amadores sérios de briófitas no Brasil é muito limitado, com talvez apenas 9 ou 10 pesquisadores em empregos permanentes. Embora seja possível estimar o número total de espécies, as coleções de briófitas

---

* Departamento de Botânica, Instituto de Biologia, Unicamp, Campinas, SP.

no Brasil ainda são limitadas e uma proporção significativa, que inclui grande parte dos materiais tipo essenciais para estudos de nomenclatura e revisões taxonômicas, estão depositados em herbários na Europa e Estados Unidos. O conhecimento das distribuições regionais, e a ocorrência de espécies nos principais biomas ainda são muito incompletos e não é possível obter dados confiáveis. Destacam-se, entretanto, o Sul e Sudeste brasileiro como regiões de maior diversidade de briófitas, e não as regiões do baixo Amazonas, que tendem a ser pobres neste grupo. Especialistas trabalhando no Brasil hoje são capazes de identificar grande parte do material coletado no país, mas seu número limitado torna difícil dar conta de toda a demanda de identificação e desenvolver estudos taxonômicos originais. As principais recomendações para esse grupo incluem:

O aumento no número total de pesquisadores trabalhando no grupo.

A formação de novos pesquisadores pode ser parcialmente completada no Brasil, mas o número de orientadores potenciais é muito limitado e pode ser necessário enviar alunos para treinamento no exterior, especialmente onde um especialista de renome esteja disponível para orientar.

E necessário um investimento considerável em novas coleções e estudos de distribuição geográfica do grupo.

A conservação destes organismos depende da conservação dos seus hábitats como um todo, especialmente florestas, já que coleções vivas e armazenamento de esporos não são opções viáveis de conservação.

Embora este grupo não tenha importância econômica, sua importância ecológica e evolutiva é considerável.

As **Pteridófitas** são um grupo de plantas vasculares, maiores que as briófitas, e que, como elas, se reproduzem por esporos e preferem ambientes relativamente úmidos e sombreados. Este grupo é bem menos diverso no Brasil, com aproximadamente 1.400 espécies, representando entre 10 e 12% do total mundial. O número de especialistas trabalhando com pteridófitas no Brasil é também bastante pequeno. A estimativa da diversidade total deste grupo provavelmente está razoavelmente correta, mas ainda existem grandes dificuldades taxonômicas em alguns grupos. O conhecimento da sua distribuição regional e da ocorrência em diferentes biomas é um pouco melhor que o das briófitas, mas ainda é bastante limitado. Assim como para as briófitas, sua maior diversidade é encontrada no Sul e Sudeste do país, e não nas regiões do baixo Amazonas, que é relativamente pobre em espécies. Os pteridólogos ativos no Brasil são capazes de identificar a maior parte do material coletado no país, mas também são assoberbados pela grande quantidade de material a ser identificado, assim como pelos vários grupos ainda necessitando de revisão taxonômica. Principais recomendações:

O aumento do número total de pesquisadores trabalhando no grupo.

A formação de novos pesquisadores provavelmente poderá ser completada no Brasil, mas o número de orientadores potenciais é muito limitado e poderá ser necessário enviar estudantes para treinamento no exterior, especialmente onde possam ser orientados por um especialista reconhecido.

É necessário um investimento considerável em novas coleções e estudos de distribuição geográfica do grupo.

A conservação destes organismos depende da conservação dos seus hábitats como um todo, principalmente florestas. Embora algumas samambaias sejam comumente cultivadas, não existem coleções vivas abrangentes e alguns dos outros grupos de pteridófitas são mais difíceis de cultivar. O armazenamento de esporos provavelmente não é uma opção viável.

Embora esse grupo tenha importância econômica limitada (principalmente plantas ornamentais), ele tem um considerável interesse ecológico e evolutivo.

As **Gimnospermas** são um grupo predominantemente lenhoso, com a maioria das espécies formando árvores médias ou grandes. Existem provavelmente apenas 14 ou 15 espécies de gimnospermas no Brasil, representando apenas cerca de 2% do total mundial. Este número não surpreende, já que esse grupo é mais comum em climas frios e temperados. Não parece haver especialistas no Brasil trabalhando apenas com esse grupo, mas a maioria das espécies pode ser identificada sem grande dificuldade, com exceção do gênero *Gnetum* na região amazônica. Sua importância econômica é principalmente reduzida a *Araucaria* (madeira) e *Ephedra* (produção de efedrina), mas os gêneros *Gnetum, Ephedra* e *Zamia* têm grande interesse evolutivo. Principais recomendações:

O treinamento e a formação de especialistas na taxonomia do grupo provavelmente não se justifica, dado o pequeno número de espécies. Por outro lado, a investigação da variação gênica e a preservação do germoplasma de populações naturais de *Araucaria* deve ser prioritária.

Grandes esforços para investigação da ecologia e biologia reprodutiva de *Gnetum, Ephedra* e *Zamia* devem ser feitos para garantir proteção adequada a populações naturais desses gêneros, dada sua grande importância evolutiva e relativa raridade em contexto mundial.

As **Angiospermas** (plantas com flor) são, de longe, as mais abundantes e dominantes de todas as plantas terrestres. A flora brasileira contém presumivelmente 40.000 a 50.000 espécies, representando cerca de 16 a 20% do total mundial. Existem provavelmente cerca de 220 pesquisadores no Brasil trabalhando ativamente com a taxonomia e identificação deste grupo de plantas, com um grupo ainda maior de pessoas capazes de identificar ao menos as espécies mais comuns, e outros pesquisadores ainda trabalhando com a ecologia, biologia reprodutiva, citologia e variação gênica. Embora o número de pesquisadores seja considerável se comparado com aqueles dedicados a outros grupos, ele está longe de ser suficiente devido ao grande tamanho do grupo, e à grande importância econômica e ecológica dessas plantas. Não existem floras recentes ou manuais de identificação disponíveis para a flora brasileira como um todo e é improvável que esta deficiência seja suprida em um futuro imediato. No momento, uma estratégia de execução de floras no nível estadual ou áreas mais restritas parece ser consenso entre pesquisadores no Brasil, e tentativas de produzir uma flora completa iria requerer uma grande demanda de tempo e esforço, o que simplesmente não é viável no momento. O conhecimento das distribuições geográficas e ecológicas desse grupo é muito mais extenso que dos outros grupos, mas ainda não está disponível de forma concentrada e sistemática, e é difícil levantar dados confiáveis para diversidade, seja regional ou de biomas. Principais recomendações para o grupo são:

Um maior número de pesquisadores trabalhando no grupo é extremamente necessário. Muitas famílias grandes têm poucos taxonomistas ou pesquisadores capazes de identificá-las com alguma segurança.

Embora esse grupo tenha sido mais intensamente coletado que qualquer outro grupo de plantas terrestres, as coleções ainda são inadequadas para estimativas de flora total e biodiversidade local ou regional. Muito esforço ainda deve ser feito no sentido de melhorar as coleções existentes e sua preservação, e em melhorar a distribuição das coleções que ainda são fortemente desiguais para muitas regiões.

Deve-se financiar projetos de levantamento de floras no nível estadual e local, mas o número total de taxonomistas disponível é insuficiente para permitir a execução simultânea de todas as floras atualmente planejadas.

Varias recomendações são igualmente aplicáveis a todos os grupos considerados até o momento:

O investimento na formação de recursos humanos é muito necessário se o Brasil quiser ser razoavelmente autossuficiente no gerenciamento e identificação de sua própria biodiversidade. Para muitos grupos, especialmente na região amazônica, os únicos especialistas capazes de identificar material até o nível de espécie vivem e trabalham na Europa e Estados Unidos, e apenas visitam o Brasil esporadicamente.

O treinamento e desenvolvimento de novas técnicas para agilizar estudos florísticos e taxonômicos deve ser considerado uma alta prioridade. O uso de métodos computadorizados para descrição taxonômica e identificação são muito promissores, mas requerem por sua vez um investimento substancial em treinamento e recursos para poder obter êxito.

Um grande investimento em infraestrutura física e criação de bancos de dados de coleções é necessário para servir ao seu propósito original, de documentação da biodiversidade e instrumento de pesquisa. Muito da informação necessária para a tomada de decisões correntes sobre o gerenciamento e exploração da biodiversidade provavelmente somente poderá ser obtida via um programa extensivo de criação de bancos de dados de herbários e outras coleções.

O progresso na taxonomia e ecologia para muitos grupos depende da disponibilidade de manuais de identificação. Materiais adequados para o ensino de graduação e pós-graduação são praticamente inexistentes para muitos grupos e a produção de tais manuais deveria ser altamente prioritária. A criação de chaves de identificação bem elaboradas, interativas e computadorizadas que podem ser amplamente usadas no ensino e treinamento, deve ser estimulada.

A repatriação de dados e imagens de espécimes-tipo e outros materiais encontrados em herbários e outras coleções no estrangeiro seriam da maior utilidade para agilizar e facilitar a pesquisa taxonômica das plantas brasileiras. Deve também ser dada devida consideração ao estabelecimento de um esforço nacional para remediar a falta de tais materiais, tornando-os disponíveis através da Internet ou outros meios eletrônicos tais como CD-ROMs.

A distribuição dos pesquisadores e coleções pelo país é muito desigual, com uma grande concentração de pesquisadores no Sudeste e Sul. Um grande esforço deve ser feito para se aumentar o número de taxonomistas e ecólogos trabalhando em regiões hiperdiversas, tais como a Bacia Amazônica e a região Centro-Oeste.

AVALIAÇÃO DO ESTADO DO CONHECIMENTO DA DIVERSIDADE DE INVERTEBRADOS MARINHOS NO BRASIL

Alvaro E. Migotto [*]

Os organismos não vertebrados, denominados coletivamente de Invertebrados, incluem atualmente 34 filos animais. A maioria destes ocorre apenas, ou principalmente, nos mires e oceanos, havendo 15 filos com representantes exclusivamente marinhos e 5 predominantemente marinhos. A maioria desses táxons é pouco ou nada estudada, existindo muitas espécies não descritas. Mesmo em regiões e ambientes considerados bem conhecidos, tem havido o encontro recente de táxons superiores, inclusive filos novos. Há ainda extensas regiões oceânicas praticamente desconhecidas, como a biota de profundidade, e ecossistemas totalmente inéditos para a ciência, como o das fontes termais, têm sido descobertos.

As famílias e gêneros dos táxons superiores revisados foram considerados pela maioria dos revisores como relativamente bem estabelecidos e adequadamente revistos, sendo viável a identificação até gênero por meio da literatura especializada.

O número de especialistas é ainda muito pequeno em relação ao que foi indicado como o mínimo necessário. Portanto, a capacitação de pessoal foi considerada prioridade, sendo possível a formação de taxonomistas em

[*] Centro de Biologia Marinha da Universidade de São Paulo, São Sebastião, SP.

um prazo curto (2-4 anos), e inteiramente no Brasil. Em muitos casos, a contratação de especialistas deve ser prioridade absoluta, devido ao reduzido número de especialistas em atividade.

A segunda prioridade diz respeito à melhora das coleções existentes, através, principalmente, de coletas de material e cooperação com pesquisadores estrangeiros. Os acervos são quase sempre insuficientes (em alguns casos inexistentes). Há a necessidade inequívoca e urgente de se criar condições de manutenção de acervos biológicos, nem sempre viável em instituições sem tradição nessa área. Os invertebrados marinhos devem ser preservados e mantidos em via úmida, o que dificulta sua manutenção, exige espaço adequado, e pessoal técnico especializado capaz de fazer a curadoria do material. Muitos representantes de táxons de invertebrados marinhos são microscópicos, o que demanda acervos curados permanentemente pelo taxonomista ou por técnico especializado.

Na maioria dos casos, guias e manuais são inexistentes ou abordam apenas parte da fauna. O financiamento dessas publicações deve ser prioridade, sendo possível sua elaboração inteiramente no Brasil, num período variando, em geral, entre 2 e 4 anos.

Praticamente todos os táxons são importantes para pesquisas básicas, devendo ser contemplados em programas de sistemática e biodiversidade. Os argumentos para tal vão do parco conhecimento taxonômico da nossa fauna até a de constituírem efetivamente componentes importantes para a compreensão da filogenia dos metazoários. Espécies indicadoras de perturbações ambientais incluem-se em quase todos os grupos. Poucos são os táxons utilizados diretamente como fonte de alimento no Brasil (Mollusca, Crustacea e, em baixíssima escala, Echinodermata), mas quase todos são itens importantes na dieta de organismos explorados economicamente, como peixes e crustáceos. Os grupos com representantes peçonhentos ou venenosos e parasitos podem causar problemas de saúde pública e prejuízos em atividades de maricultura, respectivamente. Impactos econômicos negativos são atribuídos também à atividade de espécies componentes do *fouling*, perfuradoras de madeira, ou causadoras de erosão em estruturas de concreto. Muitos táxons são extremamente importantes na produção de fármacos. O filo Porifera é considerado atualmente como um dos grupos mais promissores em pesquisas na área de produtos naturais marinhos, dos quais tem sido isoladas várias substâncias novas (antitumorais, antivirais e antibióticas).

O número de espécies registradas para a costa do Brasil está bastante aquém do conhecido para o mundo. É difícil estimar o número total de

162

espécies que ocorrem efetivamente na costa brasileira devido à escassez de estudos faunísticos e taxonômicos. Nematoda é exemplo de um filo bastante subestudado: apesar de ser abundante e diverso, ocorrendo geralmente em densidades maiores do que qualquer outro táxon de metazoários. Mesmo em grupos razoavelmente bem conhecidos em termos mundiais, e em regiões bem estudadas, como o Atlântico Norte, há constantemente a descoberta de espécies novas. Há, em geral, a estimativa de que o número de espécies registradas na costa brasileira deva dobrar ou triplicar se houver esforços de coleta direcionados aos ambientes menos estudados, como a fauna de profundidade.

Poucos são os biótopos com bom grau de coleta e de conhecimento. De uma maneira geral, a fauna bentônica da região entremarés e o infralitoral raso são relativamente mais conhecidos e coletados, o que é explicado pela facilidade de acesso a esses ambientes. A plataforma e o talude continental são os locais menos coletados e com menor grau de conhecimento para a grande maioria dos táxons, uma vez que a exploração dessas regiões demanda o uso de embarcações de grande porte e equipamentos especiais. Em linhas gerais, as regiões pelágico nerítica e oceânica são também pouquíssimo conhecidas.

A fauna marinha da região Norte do país é a menos conhecida e estudada. As regiões Sul e Nordeste foram avaliadas como tendo baixo grau de conhecimento, apesar de haver dados sobre alguns táxons superiores que contrariam essa afirmação. A região Sudeste foi unanimemente apontada como tendo a fauna mais conhecida, fato este explicado pela existência de um número maior de instituições dedicadas ao estudo de organismos marinhos, pela maior concentração de esforços de coleta, e pela existência de taxonomistas em atividade atualmente.

PERFIL DO CONHECIMENTO DE BIODIVERSIDADE EM ÁGUAS DOCES NO BRASIL

Odete Rocha[*]

Os organismos de água doce compreendem um grande número de grupos taxonômicos, de diferentes reinos. Em termos gerais, a quantidade de táxons é reduzida, os organismos são de menor tamanho, menos coloridos, e não tão conspícuos quanto aqueles de ambientes marinhos. A biodiversidade em águas doces tem sido pouco estudada e é muito menos conhecida do que a dos ambientes marinhos. Como consequência, o Programa Diversitas da UNESCO, reconhecendo a existência desta lacuna, elegeu a Biodiversidade das Águas Doces como um Alvo Especial para os estudos de Biodiversidade nos próximos anos, entre algumas outras áreas também carentes de estudos.

Com base em informações obtidas junto a pesquisadores especialistas que preencheram formulários especiais e revisão de literatura por vários participantes, o seguinte diagnóstico sobre o atual estado do conhecimento sobre a biodiversidade das águas doces brasileiras é apresentado:

Não existe informação disponível sobre a diversidade de vírus, bactérias e protozoários para as águas doces brasileiras. Informações fragmentadas

---

[*] Laboratório de Limnologia, Departamento de Ecologia e Biologia Evolutiva, Universidade Federal de São Carlos, São Carlos, SP.

puderam ser reunidas, mas foi impossível obter uma estimativa global com relação ao total de espécies ou mesmo de gêneros conhecidos. Existem muito pouco pesquisadores trabalhando com taxonomia e ecologia destes grupos, e nenhum é especializado ou capaz de tratar inteiramente da tarefa de identificação taxonômica. Será necessário formar alguns pesquisadores para realizar pesquisas com estes grupos, os quais são de reconhecida importância tanto do ponto de vista da investigação científica básica quanto do ponto de vista econômico.

Existem 2331 espécies conhecidas de Fungos de água doce no mundo. No Brasil existem 414 espécies conhecidas, 141 pertencentes ao Reino Stramenopila; 180 ao Reino Protista e 93 Chytridiomycota. Os pesquisadores brasileiros que trabalham com o grupo consideram que a formação de pesquisadores e a colocação dos mesmos em Instituições onde eles possam continuar o trabalho de pesquisa são as principais prioridades para o avanço do conhecimento na área. São de opinião que um especialista pode ser formado em um período de 4 a 10 anos, mas que um técnico poderia ser treinado em 2 ou mais anos para coletar, separar, montar e identificar o material.

As algas são um grupo bastante grande e diversificado nas águas doces. Há cerca de 10000 espécies identificadas nas águas brasileiras, 800 Cyanophyceae, 3500 Chlorophyceae, 1200 Bacillariophyceae, 2000 flagelados pertencentes a vários grupos, 50 Rodophyta e vários outros grupos perfazendo mais umas 200 espécies. Elas são muito importantes em todas as águas doces porque são os principais produtores primários e, portanto, a base de todas as cadeias alimentares. Existem vários ficologistas dedicando-se ao estudo taxonômico das algas, no Brasil. Em muitas instituições brasileiras existem especialistas que estão contribuindo para o avanço do conhecimento neste campo. Os ficologistas destacam, como ações prioritárias para aumentar o conhecimento do grupo, melhorar as coleções, a literatura e recursos humanos bem treinados. Com relação às coleções de algas e literatura de referência, existem importantes acervos no Instituto de Botânica de São Paulo, no Museu Nacional do Rio de Janeiro, Universidade Federal do Paraná e Museu de Ciências Naturais em Porto Alegre. Considera-se que, com relação às algas, o número de espécies pode ser pelo menos triplicado através de um programa de estudos direcionado, com vasta cobertura geográfica e grande esforço amostral e de identificação taxonômica.

Os musgos, as pteridófitas e as fanerógamas são de comum ocorrência nas águas doces brasileiras. Elas ocupam diferentes hábitats nos ambientes aquáticos, ocorrendo enraizadas, submersas ou flutuantes. Um grande número de formas são conhecidas no Brasil. Como estimativa acredita-se que pelo menos 100 espécies são encontradas nas águas doces brasileiras. Não há especialistas que se dediquem exclusivamente ao estudo taxonômico das macrófitas aquáticas, no Brasil. Algumas identificações são feitas por botânicos especialistas em famílias com alguns representantes aquáticos ou com auxílio de pesquisadores no exterior.

Para a fauna de invertebrados foi obtido um levantamento total de 3154 espécies, já registradas nas águas doces brasileiras, que podem ser agrupados da seguinte forma:

I) Um primeiro grupo diversificado, constituído de 10 pequenos táxons representados por menos de 100 espécies cada, perfazendo um total de 385 espécies (44 Porifera; 9 Cnidaria; 92 Turbellaria: 2 Nemertinea: 63 Gastrotricha; 10 Nematomorpha; 10 Bryozoa: 61 Tardigrada; 74 Annelida);

II) Rotifera, com 467 espécies conhecidas no Brasil;

III) Mollusca (Gastropoda e Bivalvia), somando 308 espécies;

IV) Acari (Hydracarina, ou ácaros aquáticos), com um total de 332 espécies;

V) Crustacea, com um total de 365 espécies:

VI) Insecta, com 1297 espécies registradas em água doce.

Existem grupos de invertebrados para os quais não há especialistas brasileiros e nos quais não estão sendo desenvolvidos quaisquer estudos ou inventários. Por exemplo, Nematoda, Platyhelminthes Turbellaria, Nemertinea, Gastrotricha, Nematomorpha, Bryozoa; Hydracarina, Syncarida, Ephemeroptera, Trichoptera, Coleoptera, Hemiptera e várias famílias de Diptera: Annelida Hirudinea, e outros menos importantes. O problema é agravado ainda mais pelo fato de muitas espécies terem sido e ainda serem descritas por cientistas no exterior, algumas ainda no século passado, e os holótipos se encontrarem em coleções fora do Brasil, tornando difíceis as comparações com os tipos, que para muitas espécies são necessários para uma correta identificação.

Grupos planctônicos como Rotifera, Cladocera, e Copepoda são melhor conhecidos do que as formas bênticas. Também entre as formas bênticas, algumas, como os Crustacea Decapoda, são melhor estudados e taxonomicamente conhecidos por terem maior tamanho e serem comercialmente cultivados. Outra tendência observada é que grupos relevantes para a saúde pública são também melhor estudados. Este é o caso de moluscos e insetos vetores ou transmissores de doenças.

Para tais grupos existem pesquisadores em número suficiente no país e, portanto, as prioridades devem ser: motivar os jovens pesquisadores existentes em dar continuidade ao trabalho taxonômico, através da criação de oportunidades de trabalho que os mantenham nesta especialidade e estender para todo o Brasil programas de pesquisa, como aquele promovido pela FAPESP, no Estado de São Paulo pelo Programa Biota-FAPESP.

Os especialistas em grupos que estão sendo ativamente estudados enfatizaram a necessidade de treinamento de mais pessoas, do engajamento em trabalhos que assegurem a continuidade da pesquisa, a necessidade de melhorar e em alguns casos criar coleções com ampla cobertura geográfica, a necessidade de melhorar os acervos bibliográficos e de produzir chaves e manuais de identificação. Com relação a estes últimos, a necessidade de intercâmbio e auxílio de pesquisadores externos é reconhecida para muitos grupos.

Existem previsões de que devem existir pelo menos cerca de 8000 espécies de invertebrados não registradas (1000 Coleoptera; 500 Heteroptera e 5000 Diptera, 500 crustáceos, 500 Rotifera, mais 1000 espécies entre todos os outros táxons) não considerando Bacteria e Protozoa. Para fungos, algas, musgos, pteridófitas e fanerógamas aquáticas, há uma estimativa de 20000 espécies ainda por serem identificadas, e este é provavelmente um número conservador. Pode-se afirmar que menos de 30% da biodiversidade das águas doces brasileiras são conhecidos no Brasil atualmente.

A situação das coleções para a maioria dos grupos é incompleta ou mesmo inexistente. Como exemplos de exceções podemos destacar a coleção de Decapoda no Museu de Zoologia da Universidade de São Paulo e a de Porifera na Fundação Zoobotânica do Rio Grande do Sul. Para a maioria dos táxons as coleções estão dispersas e incompletas na maioria das instituições. São necessários recursos financeiros para manutenção e treinamento de técnicos especializados para estas coleções.

Alguns museus não possuem a infraestrutura, os taxonomistas e os curadores requeridos para este trabalho. Para alguns grupos não sabemos existirem coleções significativas, como por exemplo, Turbellaria, Bryozoa, Nemertea e Oligochaeta. Existem espécimes depositados em departamentos de universidades. Alguns grupos estão em coleções pessoais, tais como Gastrotricha e Lepidoptera.

É portanto urgente a criação de coleções completas pela amostragem em todo o país e preparação de coleções de referencia apropriadas, tornando materiais e informações mais acessíveis.

Uma lista de pesquisadores atuais para os diferentes táxons de água doce foi preparada e apresentada anexa a este trabalho, embora incompleta.

É evidente que o número de pesquisadores existentes é insuficiente. Alguns são capazes de identificar organismos de água doce, mas trabalham preferencialmente com organismos marinhos.

Não foi possível determinar se os pesquisadores estão trabalhando em tempo integral, parcial ou esporadicamente, embora a maioria deles certamente recairá nas duas últimas categorias pelo fato de estarem em universidades e sobrecarregados com ensino e atividades administrativas, ou sem assistência técnica para desenvolverem ao máximo seu potencial de trabalho.

Permanecem importantes questões a serem respondidas no futuro próximo, como por exemplo: Quais as estimativas para o endemismo a nível de espécie ou em níveis taxonômicos mais elevados? Qual a adequação das coleções quanto à disponibilidade de tipos e que proporção do material tipo está em coleções no exterior? A atividade de descrição de espécies e inventariamento no País está muito lenta? Poderia ser acelerada? A busca para responder a estas informações já foi iniciada.

PERFIL DO CONHECIMENTO DA DIVERSIDADE DE INVERTEBRADOS TERRESTRES NO BRASIL

C. Roberto E Brandão,
Eliana M. Cancello
*e Christiane I. Yamamoto**

Apresentamos e discutimos informações detalhadas sobre o estado do conhecimento sobre a fauna de invertebrados terrestres no Brasil em relação às minhocas (Annelida), e Arthropoda Arachnida: aranhas, em geral e sobre Mygalomorphae, em especial, opiliões, ácaros e escorpiões; Myriapoda: centopeias e piolhos-de-cobra; entre os Insecta, as libélulas (Odonata), cupins (Isoptera), besouros em geral (Coleoptera), e Cerambycidae (serra-paus), Elateridae (vaga-lumes) e Curculionidae (bicudos) em especial; entre os Hymenoptera, as vespas Ichneumonoidea (parasitas) e Sphecidae (predadoras) e formigas (Formicidae). A partir de informações de colegas e de publicações recentes, avaliamos ainda os mesmos quesitos em relação a diversos outros grupos de invertebrados terrestres, comentando ainda as melhores coleções no país e as prioridades para melhorar o conhecimento sobre este segmento da fauna brasileira.

Os taxa discutidos neste levantamento incluem espécies consideradas importantes como: pragas agrícolas, no manejo de ecossistemas, como vetores de patógenos em agroecossistemas, como polinizadores e/ou parasitas/predadores de outras pragas, como vetores de patógenos animais ou

---

* Museu de Zoologia da Universidade de São Paulo, São Paulo, SP.

humanos, como animais peçonhentos ou venenosos, na prospeção de novos fármacos, como espécies raras ou ameaçadas de extinção, como bons indicadores de impacto ambiental e como ferramentas importantes em projetos de educação ambiental.

Todos os especialistas consultados neste esforço consideram seus grupos de interesse como prioritários para programas de pesquisa em Sistemática. Somando as informações coligidas é possível uma avaliação da importância relativa dos táxons sob consideração e a obtenção de indicações sobre como melhorar o conhecimento sobre eles e como estas informações podem contribuir na formulação de políticas de conservação.

O Nordeste brasileiro foi indicado como a região menos conhecida em todos os critérios adotados por todos os especialistas; de forma compatível, a caatinga foi indicada como o bioma menos conhecido no país. A região Centro-Oeste foi classificada em segundo lugar quanto ao grau de conhecimento e grau de coleta para a maioria dos grupos de invertebrados arrolados acima; também concordando com esta avaliação, o Pantanal e os Cerrados foram classificados como pouco conhecidos pela maioria dos especialistas. A região Norte do Brasil apareceu em posição intermediária, já que alguns dos grupos investigados foram considerados relativamente bem conhecidos na Amazônia.

Em relação à região Sul do país, a maioria dos grupos de invertebrados foram considerados razoavelmente bem conhecidos, apesar de alguns *taxa* jamais terem sido coletados de forma sistemática mesmo nesta região.

A única região em que o número de avaliações positivas supera as negativas em todos os critérios adotados é a Sudoeste, e novamente a Mata Atlântica recebeu classificação compatível.

Apenas as formigas já foram estudadas de forma sistemática nos campos de altitude.

Informação em meio eletrônico adicional quanto ao grau de conhecimento sobre outros grupos de invertebrados terrestres no Brasil pode ser obtida nas seguintes páginas:

http://www.bdt.org.br/bdt/biotasp/planaria.htm (planárias)
http://www.bdt.org.br/bdt/biotasp/indnema.htm (nemátodos)
http://www.bdt.org.br/bdt/biotasp/insecta (insetos em geral)

Alguns textos impressos recentemente, Brandão & Cancello (1999) e Guedes (1998), complementam as informações coligidas para este diagnóstico.

REFERÊNCIAS

BRANDÃO, C. R. F. & Cancello, E. M. (orgs) 1999. **Invertebrados Terrestres.** vol. V **Biodiversidade do Estado de São Paulo. Síntese do conhecimento ao final do século XX** (Joly, C. A. & Bicudo, C. E. M. orgs). São Paulo, FAPESP. xviii + 279 p.

GUEDES, A. C. (coord.). 1998. **Relatório do Grupo de Trabalho Temático 3 (GTT3) Artigo '9' Convenção sobre Diversidade Biológica. Conservação Ex situ.** Brasília. Coordenação Nacional de Diversidade Biológica (COBIO) do Ministério do Meio Ambiente. 43 p. (Estratégia Nacional de Diversidade Biológica).

REFERÊNCIAS

PERFIL DO CONHECIMENTO DA DIVERSIDADE DE VERTEBRADOS DO BRASIL

José Sabino[*]
e *Paulo Inácio Prado*[**]

O componente "vertebrados" do projeto "Avaliação do Estado do Conhecimento da Diversidade Biológica do Brasil" visou produzir uma caracterização inicial do conhecimento atual sobre diversidade de vertebrados em nosso país, diagnosticando riqueza dos táxons, capacitação de pessoal, situação de acervos e bibliografia, além de indicar prioridades para as diferentes áreas. Para produzir tal diagnóstico, as informações foram compiladas por meio de consulta a especialistas de diferentes grupos taxonômicos, dados publicados, e consultas a bases de dados.

O estado do conhecimento da diversidade de vertebrados é muito variável dependendo do táxon, região e/ou bioma considerados. De maneira geral, aves e mamíferos são melhor conhecidos, e a Mata Atlântica é o bioma melhor amostrado. Com o recente aumento da exploração das, e a compilação de informação já disponível sobre, regiões ou biomas mal amostrados (Caatinga, Cerrado, Pantanal, Amazônia), o número de espécies de vertebrados do Brasil deve aumentar consideravelmente, especialmente entre peixes ósseos, anfíbios e répteis.

---

[*] Museu de História Natural, Unicamp.
[**] NEPAM – Núcleo de Estudos e Pesquisas Ambientais, Unicamp.

De modo similar ao conhecimento da diversidade, a capacitação de taxonomistas também varia conforme o grupo. Entretanto, é possível destacar que para todas as áreas há bons sistematas, porém em número insuficiente. Para a maioria das classes, há especialistas já formados, e não contratados pelas instituições. Os acervos são, em grande parte, acessíveis e parcialmente suficientes para o estudo dos diferentes táxons. As duas principais coleções de vertebrados brasileiros encontram-se no Museu de Zoologia da USP (MZUSP) e Museu Nacional do Rio de Janeiro (MNRJ).

Há necessidade urgente de melhoria das coleções e documentação, contratação de pesquisadores e técnicos. A melhoria das coleções deveria ser feita com coletas direcionadas a biomas e grupos pouco conhecidos, e intercâmbio de material. Além disso, a publicação de guias e manuais de identificação é apontada como prioridade para quase todas as classes de vertebrados brasileiros.

Os recursos materiais e humanos para estudos de vertebrados estão fortemente concentrados no sudeste e sul do país, as regiões mais populosas e industrializadas, e pior preservadas. Assim, é necessário o fortalecimento das instituições nas outras regiões, bem como a atração e fixação de especialistas.

Finalmente, tanto os especialistas consultados pelo projeto como a literatura específica destacam que o Brasil apresenta uma enorme diversidade de vertebrados, hoje considerada a maior do mundo. Esta megadiversidade ainda é mal conhecida e boa parte dela encontra-se seriamente ameaçada por atividades humanas, o que reforça a necessidade e urgência da ampliação do conhecimento deste rico patrimônio natural.